未来理工学霸

INSTANT
HISTORY

为什么要学点历史

[英]桑德拉·劳伦斯（Sandra Lawrence） 著

吴慈瑛 译

电子工业出版社
Publishing House of Electronics Industry
北京·BEIJING

Instant History
978-1-78739-329-5
Sandra Lawrence
Copyright © Welbeck Publishing Group, 2019
All rights reserved. No part of this publication may be reproduced, stored in a retrieval system, or transmitted in any form or by any means, electronic, mechanical, photocopying, recording or otherwise, without permission of the copyright holder.

本书中文简体版专有翻译出版权由Welbeck Publishing Group授予电子工业出版社。未经许可，不得以任何手段和形式复制或抄袭本书的任何部分。

版权贸易合同登记号　图字：01-2020-3759

图书在版编目（CIP）数据

为什么要学点历史/（英）桑德拉·劳伦斯（Sandra Lawrence）著；吴慈瑛译. —北京：电子工业出版社，2021.3
（未来理工学霸）
书名原文：Instant History
ISBN 978-7-121-40557-0

Ⅰ.①为… Ⅱ.①桑… ②吴… Ⅲ.①世界历史－通俗读物 Ⅳ.①K109

中国版本图书馆CIP数据核字（2021）第025479号

责任编辑：郑志宁
文字编辑：杜　皎
印　　刷：中国电影出版社印刷厂
装　　订：中国电影出版社印刷厂
出版发行：电子工业出版社
　　　　　北京市海淀区万寿路173信箱　　邮编：100036
开　　本：787×980　1/16　　印张：10.75　　字数：297千字
版　　次：2021年3月第1版
印　　次：2021年3月第1次印刷
定　　价：78.00元

凡所购买电子工业出版社图书有缺损问题，请向购买书店调换。若书店售缺，请与本社发行部联系，联系及邮购电话：(010) 88254888，88258888。
质量投诉请发邮件至zlts@phei.com.cn，盗版侵权举报请发邮件至dbqq@phei.com.cn。
本书咨询联系方式：(010) 88254210，influence@phei.com.cn，微信号：yingxianglibook。

目 录

9 引言

近代早期

12	大航海时代	39	查理一世之死
13	黑死病	40	埃莱娜·科尔纳罗·皮斯科皮亚
14	阿金库尔战役	41	太阳王宫廷
15	文艺复兴	42	泰姬陵
16	阿兹特克帝国	43	英国君主制复辟
17	列奥纳多·达·芬奇	44	伦敦大火
18	印刷机	45	光荣革命
19	西斯廷教堂	46	塞勒姆审巫案
20	马丁·路德	47	约翰·塞巴斯蒂安·巴赫
21	英文版《圣经》	48	启蒙运动
22	尼古拉·哥白尼	49	汉诺威王朝
23	理查三世之死	50	南海泡沫事件
24	西班牙宗教裁判所	51	卡洛登战役
25	金帛盛会	52	独立宣言
26	莫卧儿帝国	53	欧洲壮游
27	斐迪南·麦哲伦	54	东印度公司
28	亨利八世与6位妻子	55	英国工业革命
29	伊丽莎白一世的统治	56	英式庭园
30	糖的黑暗史	57	高地清洗运动
31	苏格兰女王玛丽	58	沃尔夫冈·阿马德乌斯·莫扎特
32	西班牙无敌舰队	59	波士顿倾茶事件
33	莎士比亚大作	60	美国独立战争
34	火药阴谋	61	库克船长的探索之旅
35	海盗黄金时代	62	乔治·华盛顿
36	安娜·恩津加	63	第一舰队
37	郁金香热	64	法国大革命
38	五月花号	65	本杰明·富兰克林

漫长的19世纪（1789—1914）

66	玛丽·安托瓦内特之死	93	娜丽·布莱的环球之旅
67	拿破仑·波拿巴	94	汽车发明
68	特拉法尔加海战	95	审判奥斯卡·王尔德
69	罗塞塔石碑	96	莱特兄弟的首次飞行
70	拉丁美洲独立英雄	97	女性参政权
71	摄政时期	98	西奥多·罗斯福
72	最后的冰雪节	99	C. J. 沃克夫人
73	滑铁卢战役	100	发现马丘比丘
74	《弗兰肯斯坦》的诞生	101	登陆南极之争
75	铁路时代	102	"泰坦尼克号"沉没
76	1833年《废奴法案》	103	巴拿马运河
77	"小猎犬号"的第二次航行		
78	维多利亚女王的统治		
79	查尔斯·狄更斯再颂圣诞		
80	万国博览会		
81	美国内战		
82	亚伯拉罕·林肯		
83	横贯大陆铁路		
84	路易·巴斯德与细菌之战		
85	卡尔·马克思		
86	1896年夏季奥运会		
87	幕府时代终结		
88	黄石国家公园		
89	电灯发明		
90	巴黎美好年代		
91	芝加哥世博会		
92	德雷福斯事件		

战乱年代

- **104** 斐迪南大公遇刺
- **105** 加里波利之战
- **106** 索姆河战役
- **107** 拉斯普京之死
- **108** 西班牙流感
- **109** 俄国革命
- **110** 包豪斯建筑学派
- **111** 发现图坦卡蒙陵墓
- **112** 阿尔伯特·爱因斯坦
- **113** 禁酒令
- **114** 贝尼托·墨索里尼
- **115** 有声电影
- **116** 阿尔·卡彭
- **117** 魏玛共和国
- **118** 大萧条
- **119** 阿道夫·希特勒
- **120** 富兰克林·德拉诺·罗斯福
- **121** 西班牙内战
- **122** 1936年奥运会
- **123** "兴登堡号"空难
- **124** 第二次世界大战
- **125** 破解恩尼格玛密码
- **126** 敦刻尔克大撤退
- **127** 偷袭珍珠港
- **128** 格伦·米勒："二战"之声
- **129** 诺曼底登陆
- **130** 解放奥斯威辛
- **131** 欧洲战场胜利日
- **132** 广岛

冷战时代至今

- 133　冷战时代
- 134　印度独立
- 135　圣雄甘地
- 136　征服珠穆朗玛峰
- 137　伊丽莎白二世加冕
- 138　众议院非美活动调查委员会
- 139　四分钟一英里
- 140　肾移植首次成功
- 141　埃尔维斯·普雷斯利
- 142　贝利
- 143　遨游太空第一人
- 144　古巴导弹危机
- 145　避孕药
- 146　普罗富莫事件
- 147　古巴革命
- 148　约翰·肯尼迪遇刺
- 149　披头士狂热
- 150　越南战争
- 151　民权运动
- 152　马丁·路德·金
- 153　迷你裙风潮
- 154　凯瑟琳·斯威策的波士顿马拉松
- 155　爱之夏
- 156　人类登月
- 157　石墙暴动
- 158　阿波罗13号
- 159　阿拉伯国家石油禁运
- 160　水门事件
- 161　朋克摇滚
- 162　"挑战者号"之殇
- 163　切尔诺贝利核事故
- 164　柏林墙
- 165　纳尔逊·曼德拉
- 166　"人民的王妃"之死
- 167　"9·11"事件

- 168　年代记
- 169　补充阅读
- 170　自1066年起的英国君主
- 171　单位换算表

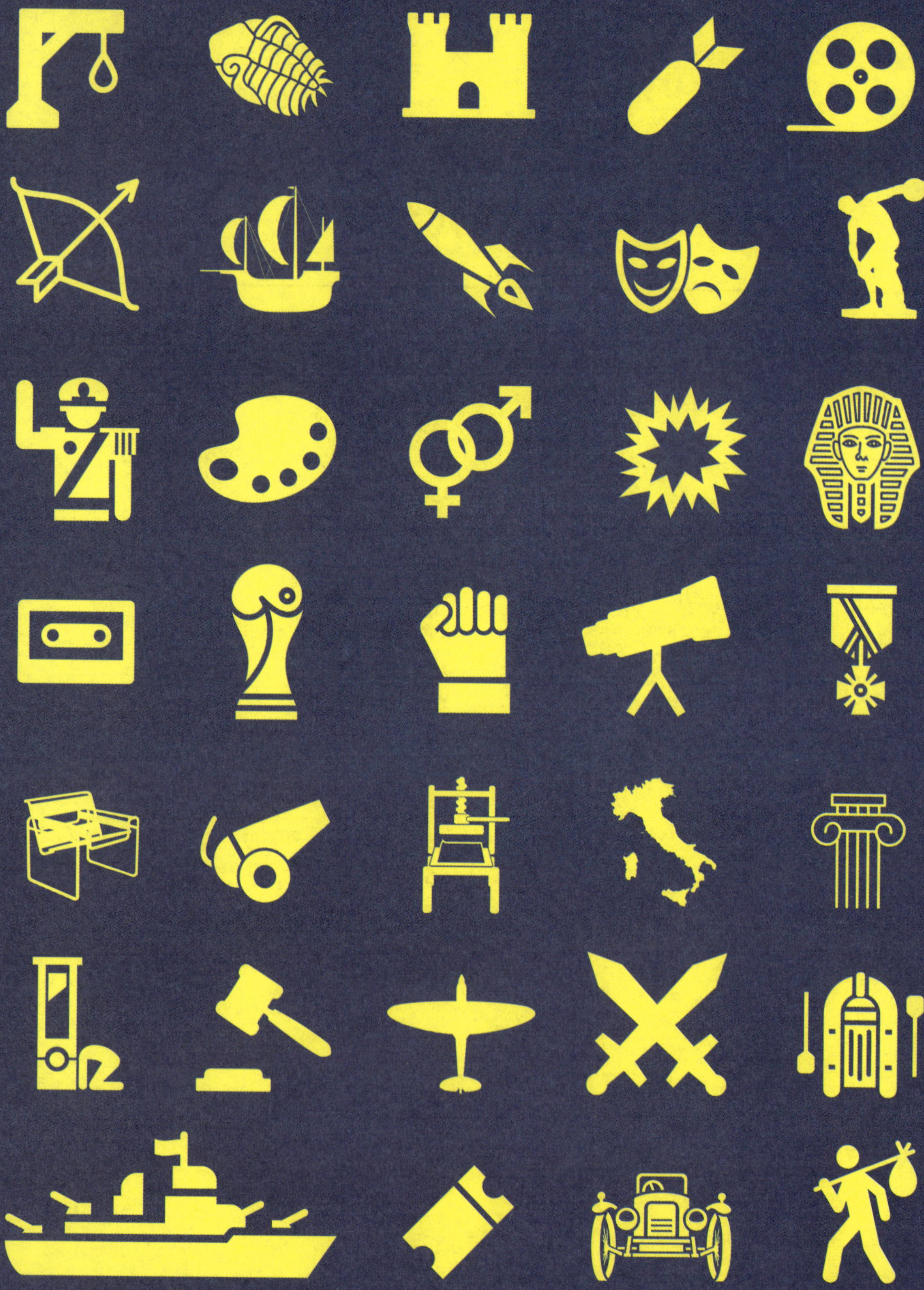

引 言

历史轨迹交错纵横，千头万绪。它从来不是单独的一条故事线，而是一张连接无数因果的关系网。遥远的各端，可能是几个世纪前看似毫不相关的渊源。我们唯有后退一步，方能纵观大局；深入具体事件，再探寻其中的关联。

例如，本书将从"大航海时代"这个耐人寻味的主题铺开历史画卷。地理探索是人类历史发展的必然结果。当时，有些人只是感到好奇：若大海另一边真的存在未知的世界，它会是什么样子呢？是否居住着奇异生物？那里会有宝藏、香料、矿产、食物，或新的思想吗？随着欧洲人口持续增长，土地资源供不应求。面对新开拓的世界，大多数人希望能够进行贸易，少数人希望安居乐业，极少数人则希望通过征服更广袤的土地，占有更丰富的资源。

随着新的土地、民族和货品相继被发现，洲际贸易时代来临了；欧洲开始进口各类异域商品，从奇特的蔬菜瓜果到火药；印刷机的发明帮助人们快速、广泛地传播新闻趣事和新潮的思想理念；文艺复兴时期出现的令人叹为观止的艺术作品与富丽堂皇的宏伟建筑，使用的是全新的材料，而创作建造它们的资金则来自地理探索发现的新财富；实力雄厚的私营企业在海上进行商品和奴隶交易。他们的发展得益于造船业与军工业的技术进步，但又因日益猖獗的海盗活动而受阻，殊不知这些海盗通常由其属国（伊丽莎白一世统治时期的英国）作为后盾。在对新大陆的殖民竞赛中，欧洲各国使尽浑身解数，可谓无所不用其极。

中东与远东地区在此前一直拥有自己的文明体系，就如同西斯廷教堂在罗马的地位一样，每个教会都掌管着自己的"皇城"。阿兹特克帝国繁荣了多个世纪，直至西班牙人到来，各种文明架构终于相互碰撞交融，形成新的体系与格局。

殖民者在开创和争夺领土的同时，将自己的宗教信仰强加给当地人民。其中，天主教势力尤为壮大，并且日渐增长。从征服非洲摩尔人，到亨利八世打破老旧信仰并建立英国新教，天主教会始终以极端手段对付异

端。教会从不信任那些被迫改变信仰的人，如犹太改宗者，因此唆使西班牙宗教法庭剔除那些腐朽的灵魂，无论他们来自旧世界还是新世界（指西半球或南美洲、北美洲及其附近岛屿）。但是，宗教改革并非易事。渐渐地，人们对基督教义的新理解开始违逆天主教会的宗旨。当欧洲使节被派往莫卧儿帝国与奥斯曼帝国传教时，清教徒和其他宗教分裂者踏上了流亡之路，与欧洲探险队、商人和侵略者一样跋山涉水，到美国殖民地寻求新的生活。

　　使节们在东方的传教过程中面临较多阻碍。由于文化间的根本差异，西方世界与当时奉行闭关锁国政策、自给自足的中国之间的贸易严重受限，而与德川幕府统治下的日本则根本没有贸易往来。当然，世界上还是存在一些容易征服的土地。例如，库克船长"发现"的澳大利亚，就成了英国罪犯的绝佳流放地。奴隶制推动了欧洲种植业发展，并为国内的宫殿修筑、园林美化及大面积的城市工业化进程提供了资金保障。

　　随着欧洲殖民地逐渐发展，当地人开始意识到自己仅仅被当作财富创造者，并未得到平等待遇。在启蒙运动的启发下，在英国内战以及后来法国革命的鼓舞下，殖民地纷纷开始要求自治。而打响独立战第一枪的，正是后来的美利坚合众国。

　　这一小部分人争取到的自由，燃起了所有人对解放的渴望。当时，美国多数地区仍然受到奴隶制束缚。废奴抗争需要世世代代努力，美国付出的代价则是一场内战。如果没有工业革命，战争将更加血腥。至少当时农场主可以用机械代替部分人工劳作；比起乡下的作坊，条件更完备的城市工厂更能使工人提高生产效率；发达的铁路货运网纵横大陆，蒸汽轮船漂洋过海，带回深得富人喜爱的异域奇珍；而穷苦大众则被新的哲学思想吸引，例如卡尔·马克思提出的共产主义；占总人口半数的妇女开始要求更为根本的东西——投票权。

在工业革命进程中，汽车、电灯、飞机等众多发明如雨后春笋一般涌现，而所有这些事物都将对日益复杂的20世纪世界格局产生深远的影响。例如，飞机让数百万人得以游历世界，实现货物、人员与信息的流通，甚至改变了战争的面貌——从齐柏林飞艇到原子弹，再到"9·11"事件。两次世界大战均波及全世界一半地区，将新的冲突与一个世纪甚至更久以前的矛盾搅和在一起。归国士兵将自黑死病以来最为严重的流行病西班牙流感一起带回了家园，但新的药品、发现与创新又使人们重拾希望。即便在全球陷入第二次世界大战毁灭性的阴影之际，人们依然能够在奥运会上打破世界纪录，并在20世纪剩下的岁月中，踏上征服星辰大海的漫漫长路，不断突破人类自身极限。

小事件影响大格局。一个人死于暗杀，有可能最终造成千万人血流成河，例如斐迪南大公遇刺案引发了第一次世界大战；因马丁·路德·金与马尔科姆·X，民权运动有了新的重心；而约翰·肯尼迪遇刺案则衍生出了人类登月这个伟大成就。

本书无法囊括历史上的所有事件，寥寥数百字的陈述甚至无法触及内部关系盘根错节的主题表面。它旨在从构成世界格局的无数条线程中，挑选出最具有代表性的一部分，将其言简意赅地展现给读者。每个主题突出的要点背后都有值得深入了解的内容。随着模式的形成和相互之间联系的建立，历史事件的因果关系变得更加清晰。而通过了解导致西班牙流感、水门事件等悲剧背后的历史原因，能够帮助我们以史为鉴，防止重蹈覆辙。

大航海时代

1453年，奥斯曼帝国阻断了从远东至欧洲的古老贸易网络，欧洲商人需要寻求新的货运流通渠道。

时间线

- **15世纪20年代中期至1460年** 葡萄牙王子航海家亨利（Henry the Navigator）出资组建探险队向南航行，再沿非洲海岸向东航行，沿途进行殖民统治。

- **1487年** 佩罗·达·科维良（Pêro da Covilhã）穿越欧洲大陆和地中海，经埃及到达红海。

- **1488年** 巴托洛缪·迪亚斯（Bartolomeu Dias）绕过非洲的风暴角（Cape of Storms，即好望角）后，发现向北延伸的海岸线。

- **1492年** 克里斯托弗·哥伦布（Christopher Columbus）以为自己已经通过环游世界到达了东方，实际上他发现的是被当地人称为"西印度群岛"的巴哈马群岛。

- **1497年** 意大利人约翰·卡伯特（John Cabot）发现纽芬兰。

- **1499年** 意大利探险家亚美瑞格·韦斯普奇（Amerigo Vespucci）探索南美北部海岸。

- **1500年** 佩德罗·阿尔瓦雷斯·卡布拉尔（Pedro Álvarez Cabral）发现巴西。

- **1511年** 葡萄牙人在马六甲建立基地，控制通往中国南海的海峡。

- **1512年** 香料群岛和爪哇岛被发现。

- **1553年** 对东北航道的探索开始。

- **1557年** 澳门建立一座贸易港口。

- **1576年** 马丁·弗罗比舍（Martin Frobisher）探索西北航道，发现弗罗比舍湾（Frobisher Bay）。

- **1670年** 哈得孙湾贸易公司成立。

贸易商品

由西至东
- 骆驼
- 奴隶
- 马匹
- 葡萄藤
- 皮草
- 蜂蜜
- 异域水果
- 玻璃
- 盖毯和地毯
- 武器

由东至西
- 丝绸
- 大米
- 珠宝
- 纸
- 茶叶
- 瓷器
- 香料
- 香水
- 火药
- 象牙

未知领域

无论当时的发现多么奇妙，世界地图上仍存在许多有待探索的空白领域

黑死病

1348年，抵达多塞特郡梅尔科姆（Melcombe）的两艘船，将当时已在欧洲肆虐的致命疾病带到英国，短短两年内造成英格兰、苏格兰、威尔士和爱尔兰三分之一的人口死亡。

瘟疫蔓延路线

14世纪30年代后期
中亚吉尔吉斯斯坦地区出现多起离奇死亡的病例，该病**沿丝绸之路**缓慢持续蔓延。

1346年
疾病传闻散布至欧洲。

1347年
瘟疫蔓延至**西西里和意大利**（现在意大利南部部分地区），在佛罗伦萨约有10万人死亡。

1348年
巴黎约有5万人死亡。

1348年
疫情从英格兰继续扩散，蔓延至斯堪的纳维亚半岛。

感染

这种"瘟疫"的感染者表现为三种症状：**发烧、头疼、浑身乏力**。

其中最为关键的病症为：

腺鼠疫
手臂与腹股沟下方生疖（疮）

疮会变黑、发臭

肺鼠疫
咳血

呼吸困难

胸痛

败血性鼠疫
腹痛

腹泻

由于尚无治愈的方法，感染者很快便会病逝，导致村庄甚至没有足够的人手埋葬死者，尸体只能被扔进散发恶臭的公共**"瘟疫坑"**。

普遍疗法
无花果
醋腌蛋
五福花（药草）
芳香药草与花束

农民起义
瘟疫后**劳力供不应求**，劳动者认为自己处于强势地位。1381年，当人头**税被提出时**，便爆发了**农民起义**。

疫病溯源
几个世纪以来，人们一直将疫病归咎于**黑鼠**，而部分现代专家认为**人体寄生虫**可能带有这种疾病。

死神再临
瘟疫不时造访伦敦，其中**最严重的疫情发生于1665年**。时至今日，鼠疫仍偶尔侵袭人类，大多数发生在非洲。若不治疗，患者便可能致命。

欧洲死亡总人数估计为2000万人

阿金库尔战役

1415年8月,英格兰与威尔士联军占领法国哈弗勒尔港。英格兰国王亨利五世(King Henry V)在率军前往加来的途中得知,一支人数众多的法国军队正在前方严阵以待。

日期 1415年10月25日

地点 法国西北部阿金库尔

参战方 英格兰与威尔士对战法国

指挥官 英格兰国王亨利五世;德勒伯爵查理·阿布莱特(Charles d'Albret)

参战人数 英军约5000～6000人;法军约2万～3万人

地势 狭窄、泥泞

结果 英方获胜;三分之一的法国贵族被杀或被俘

战前

英威联军**饥寒交迫,饱受痢疾之苦**,没人相信他们能取得胜利。开战前夜,亨利五世巡视营地并鼓励士兵,这就是莎士比亚笔下著名的《圣克里斯平纪念日演讲》。

激战

有多数贵族在内的法国骑兵率先向英军发起冲锋,而英军则坚守阵地,**长弓齐射,阻击法军**。

马匹因受伤而惊慌失措,从马上坠落的骑兵因身着重甲而行动受阻。

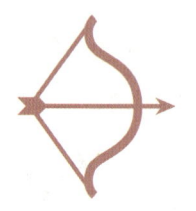

一拨又一拨法国步兵从倒下的马匹和骑兵身上踩踏而过,然后**被困在泥泞中,动弹不得**。

英军**抓获大批俘虏,准备换取赎金**,但另一支法军从英军后方发起攻击。亨利意识到自己仍然被强敌环伺,随时面临攻击,因此下令处死了这些俘虏。法国人对这种毫无骑士荣誉感的屠杀行为感到极大的愤怒。

决定性武器

英军擅长使用弓箭,**尤其是长弓**。虽然法军也有长弓,但由于位置过于靠后而无法发挥作用。

1599年,威廉·莎士比亚在剧本《亨利五世》中歌颂了**英军这场不朽的胜利**。

武器

法军	英军
双手剑	英国长弓与穿甲箭为主
锤	其他手持武器
匕首	
长矛	
棍棒	
长弓	

文艺复兴

文艺复兴代表了另一种形式的"重生"。中世纪的文艺复兴在古典哲学、学术研究、科学发现、价值观重塑,以及最具代表性和观赏性的艺术创作方面,掀起了一股巨大的思想解放浪潮。

时期 大约14世纪初至16世纪初

人道主义
人道主义引起了人们对**世俗事物的关注**,因为它们并非由教会发起,而是源于人类的精神世界。

哲学
吸取**古希腊和古罗马的政治理念**,以及**中世纪骑士精神**与新形势下的强权政治理论,最终成就了这部文艺复兴时期统治者的治国纲领——**马基雅维利**(Machiavelli)的《君主论》。

发明
印刷术让思想与知识能以更直观的形式在世界上**自由传播**,众多古代典籍通过再版首次出现在民众眼前,而新思想也得以不断涌现。

美术
文艺复兴最令人叹为观止的成就毫无疑问体现在**艺术方面**,主要集中在意大利,尤其是**佛罗伦萨**地区。解剖学带来了创新而大胆的表现方式——**通过透视图将生命以图景的形式直观呈现**。

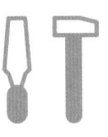

雕塑
多纳泰洛(Donatello)和**米开朗琪罗**的两尊青年勇士**大卫**的雕像、班迪内利的《赫拉克勒斯》和《卡库斯》雕像,以及米开朗琪罗的《摩西》《圣殇》和《奴隶》等雕塑作品被公认为世界上最精致的雕塑作品。

科学
从**天文学**到**化学**,从**物理学**到**人体学**,世界上所有事物都在等待被发现。

建筑
文艺复兴将**古罗马和古希腊建筑理论**与后来的装饰和设计理念交汇。时至今日,**仍无人知晓布鲁内莱斯基**(Brunelleschi)建造佛罗伦萨花之圣母大教堂圆顶的思路。

战争
中国**火药**进入近代早期的欧洲,从**15世纪中叶开始**,手枪(火枪)改变了战争的方式。

文艺复兴盛期
从15世纪90年代至1527年,三位伟大的艺术家——**列奥纳多·达·芬奇、拉斐尔和米开朗琪罗**占据主导地位。同时,**波提切利、提香、多纳泰洛和乔托**等数十个现今仍家喻户晓的名字开始进入人们的视野。

北方文艺复兴
15世纪后期,荷兰、比利时、法国和**英格兰**等欧洲偏北地区的文艺复兴运动才开始逐渐兴盛,涌现出了**勃鲁盖尔、丢勒、霍尔拜因和杨·凡·艾克**等艺术家。

阿兹特克帝国

中世纪的中美洲（Mesoamerica）曾经存在许多民族，但只有充满了神秘色彩的阿兹特克帝国（Aztec Empire），时至今日仍然众所周知，尽管被西班牙击败。

时间线

- **200年** 阿兹特克人从墨西哥北部出发，到达墨西哥谷（Valley of Mexico）。

- **1325年** 特诺奇提特兰（Tenochtitlán）建立并发展成为堤道与运河交错的大城。

- **1428年** 三个城邦结盟，在击败第四个城邦后，建立了阿兹特克帝国。

- **1440 – 1469年** 蒙特苏马一世（Moctezuma Ⅰ）的统治标志着阿兹特克帝国的巅峰时期。

- **1487年** 阿兹特克大神庙最终建成，用数千名战俘的生命进行祭祀。

- **1502年** 蒙特苏马二世（Moctezuma Ⅱ）统治时期开始。

- **1517年** 彗星被公认为厄运的象征。

- **1519年** 西班牙征战者埃尔南·科尔特斯（Hernán Cortés）俘虏并杀死了蒙特苏马二世。

- **1521年** 科尔特斯征服阿兹特克帝国。

- **1522年** 特诺奇提特兰重建，被更名为"墨西哥城"。

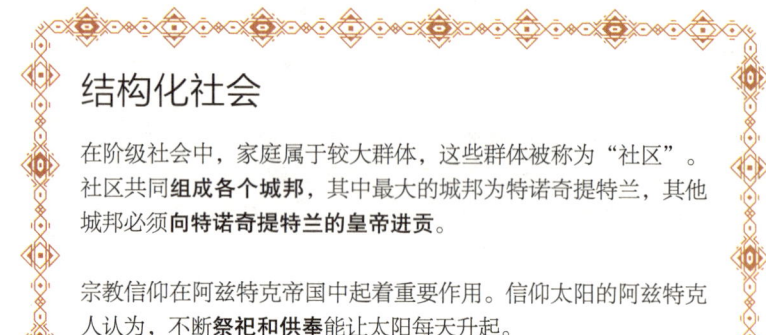

结构化社会

在阶级社会中，家庭属于较大群体，这些群体被称为"社区"。社区共同**组成各个城邦**，其中最大的城邦为特诺奇提特兰，其他城邦必须**向特诺奇提特兰的皇帝进贡**。

宗教信仰在阿兹特克帝国中起着重要作用。信仰太阳的阿兹特克人认为，不断**祭祀和供奉**能让太阳每天升起。

令人生畏的众神

威齐洛波奇特利（Huitzilopochtli）——战争之神
特拉洛克（Tlaloc）——雨水之神
克查尔科亚特尔（Quetzalcoatl）——生命与风之神
泰兹卡特里波卡（Tezcatlipoca）——黑夜之神
奇科美寇特尔（Chicomecóatl）——农耕女神

阿兹特克权力金字塔

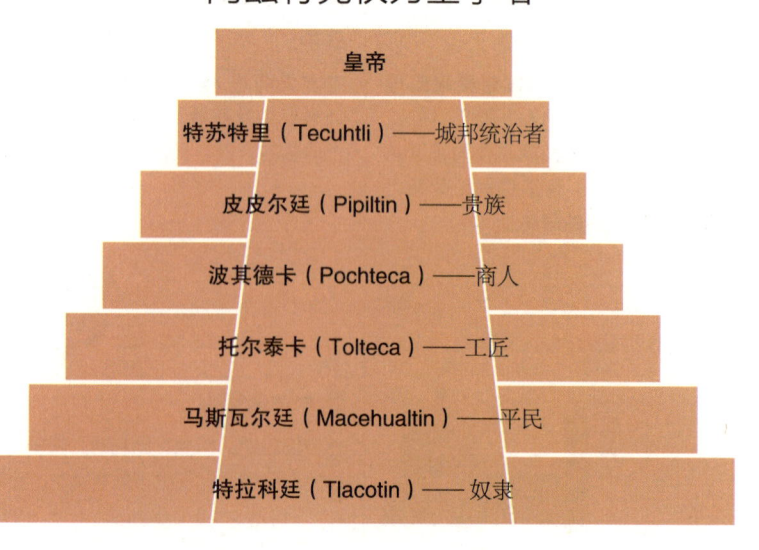

- 皇帝
- 特苏特里（Tecuhtli）——城邦统治者
- 皮皮尔廷（Pipiltin）——贵族
- 波其德卡（Pochteca）——商人
- 托尔泰卡（Tolteca）——工匠
- 马斯瓦尔廷（Macehualtin）——平民
- 特拉科廷（Tlacotin）——奴隶

列奥纳多·达·芬奇

列奥纳多·达·芬奇（Leonardo Da vinci）是文艺复兴时期的代表人物之一，痴迷于众多领域的研究，在科学、数学、绘画、发明、雕塑、建筑、工程和讽刺画等方面都取得了显著的成就。

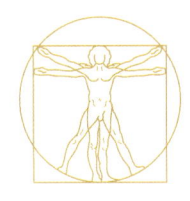

达·芬奇对一切事物感兴趣，热衷于调查、记录与开发事物。他对**人体的内部构造**与外观都充满好奇，从探寻**人类飞行的可能性**，到开发最有攻击性的战争武器，他的研究从未止步。

发明

在达·芬奇的所有发明中，只有少数实际制造完成或顺利投入使用，而他仍是许多创新理念的先驱者。他的发明构思包括**飞行器、坦克、自动武器、降落伞、潜水装备、自驱式马车、直升机**，甚至**机器人**。

《蒙娜丽莎》

创作时间	1503—1519年
展示地点	巴黎卢浮宫
材质	杨木油画
人物	不知名的模特

《最后的晚餐》

创作时间	1495—1498年
保存地点	米兰圣玛利亚修道院
材质	布面油画
人物	基督与信徒

遗失的巨作

达·芬奇曾耗费大量时间创作了一尊**16英尺高的青铜骑马者雕像**，遗憾的是这个雕像**最终被用来建造大炮**，而达·芬奇的黏土模型已经无处可寻了。他还有许多其他未竟之作。

时间线

- **1452年4月15日** 在意大利出生。
- **约1467年** 在佛罗伦萨跟随安德烈·德尔韦罗基奥（Andrea del Verrocchio）学艺。
- **1472年** 加入画家行会，开始绘制技术设备草图。
- **1482年** 移居米兰为公爵效劳，搁置画作《三博士朝圣》。
- **1502年** 开始担任恺撒·博尔吉亚（Cesare Borgia）的军事建筑师与工程师。
- **1513年** 移居罗马为教皇作画，但未获得丰厚酬劳。
- **1516年** 受法国国王邀请移居昂布瓦斯，成为法国国王的首席画师、建筑师和工程师。
- **1519年5月2日** 在昂布瓦斯逝世。

近代早期

印刷机

在15世纪前，印刷术与书籍出版就已经存在。而德国金匠约翰内斯·谷登堡（Johannes Gutenberg）使二者实现了高效的机械化。

时间线

- **868年**《金刚经》问世。这是世界上现存最古老且标有确切日期的完整印刷书籍，由7块木刻版印刷而成。

- **11世纪** 中国工匠毕昇用烤黏土制作活字印刷工具。

- **约1400年** 约翰内斯·谷登堡出生。

- **1439年** 一项诉讼证据证明谷登堡在工作中使用过印刷机。

- **1454—1455年**《谷登堡圣经》问世；这是欧洲第一本印刷书。

- **1473年** 第一本英文印刷书《特洛伊历史故事集》问世。

- **1476年** 威廉·卡克斯顿（William Caxton）在伦敦开设印刷厂，开始大规模出版图书，包括乔叟（Chaucer）的《坎特伯雷故事集》与马洛里的《亚瑟王之死》。

在15世纪前的欧洲，人们只**能利用手工辛苦复制作品**，因此书籍卖价颇高。

雕版印刷术（木版）已在**中国和韩国应用了几个世纪**，大大降低了人力复制的差错率，加快了书籍的制作流程，但木板**消耗量巨大**。

亚麻子油和烟灰
谷登堡所用墨汁配方中的关键成分

谷登堡将木雕版拆解成**"活字印刷工具"**——单个的大、小写字母和标点符号。他将在葡萄酒、橄榄油与纸压制工艺中使用的螺旋压力机重新设计，并制作出**一种受到压力时不会塌陷的可模制合金**。

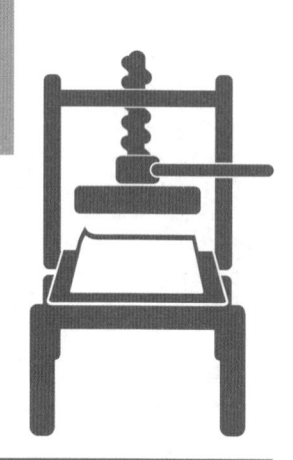

《谷登堡圣经》

《谷登堡圣经》现存48本

书每页有42行，因此又叫作《四十二行圣经》

印刷机**使书籍的生产成本更低、制作速度更快**，西方文学作品此后得以大量涌现。

西斯廷教堂

在西斯廷教堂中，由米开朗琪罗创作的天顶画《创造亚当》是世界上最伟大的艺术作品之一，它与达·芬奇的壁画《最后的晚餐》曾无数次被后人复制。

- **重建时间与重建者** 1477—1480年，教皇西斯都四世（Pope Sixtus Ⅳ）
- **地点** 梵蒂冈信徒宫
- **委托者** 教皇儒略二世（Pope Julius Ⅱ）
- **绘制时间** 1508—1512年
- **画家** 米开朗琪罗·博纳罗蒂（Michelangelo Buonarroti）
- **规模** 长132英尺，宽44英尺，高68英尺，与《圣经》中描述的耶路撒冷圣殿一致

米开朗琪罗在建造教皇儒略二世的坟墓时，被教皇派去创作西斯廷教堂的天顶画。他视雕塑为自己的激情所在，不愿接受这份委托，但无法让教皇改变主意。在各种委派间周转忙碌后，米开朗琪罗回到西斯廷教堂，画下《最后的审判》。在幽暗环境下长期劳累与过于专注**使他的视力受到了永久损害**。

壁画

壁画绘制材料是加入颜料的湿石膏。

教堂壁画的创作者：

- 比亚吉奥·迪安东尼奥（Biagio di Antonio）
- 桑德罗·波提切利（Sandro Botticelli）
- 彼得罗·佩鲁吉诺（Pietro Perugino）
- 多梅尼哥·基尔兰达约（Domenico Ghirlandaio）
- 巴特洛莫·德拉·葛塔（Bartolomeo della Gatta）
- 路加·希诺雷利（Luca Signorelli）

教堂天顶原画的夜空由**马泰奥·德阿梅利亚**（Matteo d'Amelia）创作

西斯廷教堂相关数据

9 天顶中央分9个场景**描绘《圣经》中上帝创世的过程**。教皇原本想画上十二使徒，米开朗琪罗说服他改变了主意。

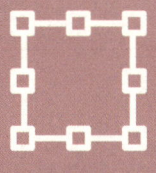

12000 画幅总面积超过1.2万平方英尺

300+ 300多个绘画人物

25000 日访客量高达2.5万人次，年访客量高达500万人次

1564 画中有1564个以树叶覆体的半裸人物

近代早期

马丁·路德

中世纪的天主教会比任何君主都富有和强势。在许多人眼中，天主教会极端封建与腐败；在德国天主教修士马丁·路德（Martin Luther）眼里，这样的教会更是决疣溃痈。

时间线

- **1483年** 马丁·路德在德国萨克森州埃斯勒本小镇（Eisleben）出生。

- **1501年** 进入爱尔福特大学学习法律。

- **1505年** 辍学当修士。

- **1507年** 教会出售的赎罪券（教皇赦免权）价格急剧上涨。

- **1510年** 路德被派往罗马，在目睹罗马教廷的腐败后感到十分震惊。

- **1512年** 成为维滕贝格大学的教授。

- **1517年10月31日** 宣布反对赎罪券，写下《九十五条论纲》（关于赎罪券效能的辩论），被罗马教会指控为异端。

- **1519—1520年** 继续抨击教会。

- **1520年** 教皇宣布开除路德教籍。路德写下《反对敌基督者的通谕》一文公开对抗。

- **1521年** 路德将《新约圣经》翻译成德语，供非神职人员阅读。

被出售的赎罪权

《圣经》说人生而有罪，人间即赎罪的炼狱，是地狱通往天堂的必经之路。教皇的"赦免"减轻了赎罪券购买者的灵魂在炼狱中受到的惩罚。

路德为何质疑教会？

路德主张《圣经》中的"义人必因信得生"，即人只有依靠信仰才能获得救赎。他认为这句话证明了**真正信仰耶稣基督的人无须通过教会进行忏悔、赎罪、斋戒或祷告，自会得到神的馈赠**。

《九十五条论纲》

路德公开谴责教会的赦免制度，否定教会和教皇口中有悖于《圣经》与理性的说教。

传闻**路德将《九十五条论纲》钉在了维滕贝格教堂的大门上**。利用当时最新式的印刷机，论纲副本在两周内传遍德国。两个月后，他的观点已在欧洲各地流传。

神圣罗马帝国皇帝查理五世（Charles V）要逮捕路德。路德在藏身时化名"约克·乔治"（Junker George），将《新约圣经》翻译成德语。宗教改革此时已经开始。

英文版《圣经》

在只有拉丁文版《圣经》的年代，多数人无法读懂和理解其中的内容，而天主教会希望这种情况持续下去。威廉·廷代尔（William Tyndale）则认为，人人都有阅读与解释《圣经》的权利。

时间线

- **约1494年** 威廉·廷代尔出生。

- **约1521年** 廷代尔获授圣职，成为罗马天主教教士，随后移居伦敦，想将《圣经》翻译成英文。这违反了教会禁令，因此受到胁迫。

- **1524年** 廷代尔移居德国，寻求马丁·路德的帮助。当时，路德已将《圣经》翻译成德文。

- **1525年** 廷代尔在德国科隆完成了《新约圣经》的英文翻译，并着手排印。因消息走漏，副本被查抄至英国。

- **1529年** 廷代尔被指控为异端，被迫逃避。

- **1534年** 英国国王亨利八世（Henry Ⅷ）与教皇决裂，廷代尔误以为这将缓解自己的不利处境。同年，他移居荷兰安特卫普。

- **1536年** 廷代尔惨遭欺骗，被捕入狱，最终被处决。

- **1539年** 亨利八世在英国开始宗教改革，传谕所有教堂放置英文版《大圣经》供会众自由阅读。

- **1557年** 《日内瓦圣经》（The Geneva Bible）出版，深受清教徒欢迎。

- **1611年** 各教派决定以英国国王詹姆斯一世（The King James）的名义重新出版标准版《圣经》。

教会为何禁止英文版《圣经》？

由于当时只有学者和神职人员能够读懂拉丁文，因此教会得以通过自行解释的神学思想建立起极端封建的宗法社会，从而掌握大权。一旦有其他人能够直接阅读《圣经》并自主解释其中的内容，教会的权威便会瓦解。

处决

廷代尔被判为异端，**处以绞刑，尸首被绑在火刑柱上公开焚烧。**

《大圣经》（The Great Bible）

英国国王亨利八世版本的《圣经》基于廷代尔的翻译，仅修改了其中可能引起异议的关键内容。

《詹姆斯王圣经》

《詹姆斯王圣经》（又名《钦定版圣经》）至今仍被公认为是**最华丽的文学作品**之一。翻译工作始于1604年，由47位英国教会学者共同完成。

尼古拉·哥白尼

尼古拉·哥白尼（Nicolaus Copernicus）否定当时科学界公认的"地心说"，提出"日心说"。

时间线

- **1473年2月19日** 哥白尼在波兰托伦市出生。
- **1491年** 就读于克拉科夫大学。
- **1496年** 去意大利攻读法律。
- **1503年** 回到波兰，开始研究天文学并提出大胆学说，因此闻名于世。
- **1508—1513年** 撰写概述行星运动理论的《短论》。
- **1514年** 教皇请哥白尼和各国天文学家帮助修历。
- **1530年** 完成《天体运行论》六卷。
- **1543年** 《天体运行论》出版，哥白尼不久逝世。
- **1616年** 天主教会将《天体运行论》列为禁书。

哥白尼在博洛尼亚大学跟随一位**数学教授**学习时，就**对地理学与天文学产生了浓厚兴趣**。

哥白尼的理论通常被称为**"日心说"**；该理论提出太阳是不动的，**行星围绕太阳做圆周运动**。他计算得出地球绕太阳公转一周需要一年的时间，并且每天自转一周。

哥白尼一直没有发表《短论》，而是**做了富有影响力的相关演讲**，引起**教皇克莱门特七世**（Pope Clement Ⅶ）的好奇并得到赞许。

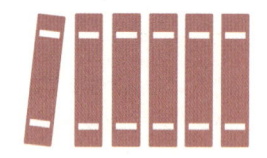

《天体运行论》书名直译为**《关于天体旋转的六卷集》**（Six Books Concerning the Revolutions of Heavenly Orbs）。

哥白尼信仰天主教，**一直与天主教会保持和谐关系**。教会最初对这本书的态度较为矛盾，而清教徒和**马丁·路德**均**反对哥白尼的理论**。

《约书亚记》 10:10—15

教会对这本书的反对基于《圣经》中的一段话，其中约书亚**向上帝祷告，让太阳和月亮停下**，这与哥白尼的学说相悖。

罗马宗教法庭对伽利略进行审判后，**哥白尼的工作也遭到禁止**。直至1845年，《天体运行论》才从禁书名单中被移除。

理查三世之死

英国国王理查三世（Richard Ⅲ）是莎士比亚作品中著名的恶人，也是最后一位战死沙场的英国君主，被后世称为"停车场里的国王"。世人对他的评价褒贬不一。

时间线

- **1452年** 约克家族的二儿子理查出生，不久后卷入与兰开斯特家族的血腥内战，即"蔷薇战争"。

- **1461年** 理查的哥哥爱德华加冕成为英国国王爱德华四世（Edward Ⅳ），理查成为格洛斯特公爵。

- **1483年4月** 爱德华四世意外去世，传位给年仅12岁的儿子爱德华五世（Edward Ⅴ），理查受遗诏担任摄政王。

- **1483年夏天** 理查宣布自己为王；未加冕的爱德华五世与弟弟一起失踪。

- **1485年8月** 兰开斯特家族的亨利·都铎（Henry Tudor）率军在米尔福德港登陆。

- **1485年8月** 理查亲自领军在莱斯特郡的博斯沃斯会战亨利·都铎。理查冲锋陷阵，从马上摔落后手持武器继续厮杀。

  理查被围困而战死。

  亨利·都铎加冕成为英国国王亨利七世（Henry Ⅶ）。

塔里的两位王子

关于理查是否**谋杀了移居伦敦塔的两位王子**，至今仍有争议

理查三世

理查在当时是个出色的国王，但反对的声音仍然存在

2012年，考古学家在**莱斯特停车场**发掘出一具骨架。通过放射性碳测定年代法，以及与理查三世的后代进行DNA配对，确定这具尸骨就是理查三世的遗骸。2015年，**理查三世被隆重安葬于莱斯特大教堂。**

十恶不赦的理查三世

威廉·莎士比亚有充分理由**将理查刻画成恶人**，因为他的作品中的君主伊丽莎白女王是胜利者亨利·都铎的后代。

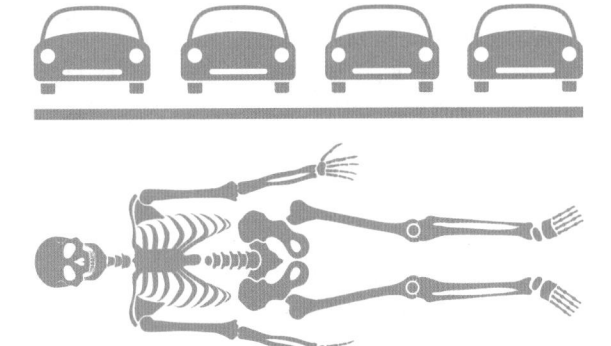

西班牙宗教裁判所

中世纪的天主教会对皈依基督教的犹太改宗者深存疑虑，使用当时最残酷的刑罚来检验改宗者的基督信仰虔诚度。

时间 1478—1834年

地点 最初在西班牙，然后扩张至整个欧洲、非洲北部、美国南部和印度

死亡人数 由于检验过程秘密进行，因此死亡人数未知，估计为3万～30万人

改宗者

在1391年塞维利亚反犹太大屠杀之后，许多犹太人被迫皈依基督教，但仍被指控暗中坚持原来的信仰。

"需要真诚奉献"

教皇西克斯图斯（Sixtus）在1478年发布敕令——"需要真诚奉献"。在特别针对改宗者的同时，调查涉嫌**施行巫术、亵渎、重婚、信仰伊斯兰教或新教**的人。

托马斯·德·托尔克马达

所有被称为"上帝猎犬"的多明我会（Dominican）修士以**大法官托马斯·德·托尔克马达（Tomás de Torquemada，1420—1498）**为首；他将宗教裁判所的**调查、审讯与刑罚措施**编成了法典。

审判

改宗者在入狱数月后，被带到一个秘密法庭承认**被指控的不实罪孽**。

宣判与执行
"信仰行为"仪式，犯人必须公开忏悔

28条法令
在托尔克马达面前，任何犯人都可能被定罪，任何人都可以匿名指控其他人

约2000人
托尔克马达下令以火刑处死的人数

死亡
教会不想血染双手，将"犯人"交由世俗政权处决。

犯人承认有罪。他们不会被告知受到何种指控。

酷刑

作为正式的"最后的审判"，酷刑不能见血。刑具包括：
- 拇指夹
- 托卡（Toca，水刑）
- 加热至变白的钳子
- 拉肢台
- 拉加鲁查（La garrucha，吊腕）

没收财产是常规手段。

犯人根据刑罚穿不同的囚服：

桑本尼托（Sanbenito）
带有一个红色十字架的黄色服装、尖顶帽、打结的绳索 = 公开鞭打
绳索结数 = 鞭打次数

萨马拉（Samarra）
画着恶魔图案；被火焰包围的犯人 = 火刑

弗埃戈（Fuego Revolto）
向下的火焰 = 免于火刑

金帛盛会

1520年6月，英国国王亨利八世（Henry Ⅷ）在加来附近会见法国国王弗朗索瓦一世（Francis Ⅰ）。文艺复兴时期的贵族追求奢华的生活方式，该宴会规格之高足以被史册记录。

- **时间** 1520年6月7—24日
- **地点** 法国加来
- **主持者** 英国国王亨利八世与法国国王弗朗索瓦一世
- **参加者** 法国6000人；英国6000人
- **主题** 黄金
- **着装要求** 奢华
- **结果** 两个传统敌对国大约3年的和平期

背景

神圣罗马帝国哈布斯堡王朝皇帝查理五世（Charles V）正在建立自己的帝国，而东方的奥斯曼帝国又不断向欧洲施压。在这样的局势下，虽然**英格兰与法国相比只是一个小国，但不失为一个宝贵的潜在盟友**。于是，老谋深算的红衣主教沃尔西（Cardinal Wolsey）为两国国王策划了会面。

年轻好胜的国王

弗朗索瓦与**亨利**有许多共同点——20多岁，高大英俊，体格健壮，打过胜仗，热爱狩猎与艺术，喜欢貌美姑娘。**他们对彼此十分好奇**。

财力展现

家里、宫殿，甚至**威斯敏斯特大教堂**的盘子、珠宝、挂毯和精美的土耳其饰毯都已搬空，被用于这次庆典；人们不惜抵押土地换取黄金织成的服装。这场政治会晤因奢靡豪华而得名"金帛盛会"。

娱乐项目

- 马上比武
- 武器技艺
- 箭术
- 摔跤
- 音乐
- 盛宴

为双方取得平衡，每个项目都经过精心策划。两位国王希望向所有人证明，他们实现和平是因为他们愿意，而非懦弱。每个星期天，一国的国王分别与对方国家的王后用餐。

会晤

双方国王骑马向对方前进，在最后一刻**掉转**马头，拥抱对方。

英国带来**4万加仑红葡萄酒**，制作酒泉。

英国菜单：鱼类菜肴包括9100条鲽鱼、7836条牙鳕、5554条鳗鱼、2800只小龙虾、700条康吉鳗、3条鼠海豚和1条海豚。

住宿

法国搭建了400个带有天文符号的金色帐篷；英国用砖瓦与画布建造了一座巨大的临时宫殿，共有四个区域，每个区域长300英尺，其内均有精美的古典柱子、凸窗和喷泉。

亨利建造的宫殿中透明玻璃的长度为 **5000英尺**

近代早期

莫卧儿帝国

莫卧儿王朝曾经统治今天印度北部与巴基斯坦大部分地区，这些地方在文化、建筑等领域取得了空前的进步，包括宗教方面有限程度的宽容。

时间线

- **1526年** 巴布尔（Babur）占领德里苏丹国，建立莫卧儿帝国，控制印度北部大部分地区。
- **1529年** 征服北方邦和比哈尔邦。
- **1540年** 巴布尔的儿子胡马雍（Humayun）在战斗中被击败，导致莫卧儿王朝在印度的统治中断。后来，他重新夺回宝座和领土，让儿子阿克巴（Akbar）继位。
- **1605年** 在阿克巴去世时，莫卧儿帝国已从阿富汗扩张到孟加拉湾，从古吉拉特邦扩张到德干地区。
- **1632年** 泰姬陵开始修建。
- **1707年** 奥朗则布（Aurangzeb）去世，留下四分五裂的莫卧儿帝国，其扩张之路已然到头。
- **1748年** 穆罕默德·沙阿（Muhammad Shah）去世，马拉地人迅速占领印度北部地区。
- **1803年** 德里被英国控制。
- **1857年** 德里陷落，莫卧儿帝国末代皇帝巴哈杜尔·沙阿二世（Bahadur Shah II）因参与印度民族起义被流放。

大皇帝

巴布尔
1483—1530年
巴布尔作为帖木儿与成吉思汗的后裔，似乎注定要成为领袖人物。在他的统治下，印度教徒得到宽容，奴隶制也开始减弱。

胡马雍
1508—1556年
胡马雍是一位可怜的皇帝，热衷于艺术创造。

阿克巴
1542—1605年
阿克巴是巴布尔的孙子。作为穆斯林，他对其他宗教也有极大兴趣。他在宫廷内提倡学习文学、美术和音乐。

贾汉吉尔
1569—1627年
贾汉吉尔（Jahangir）经常参战，但仍然在宫廷内继续发扬父亲阿克巴的艺术文化。

沙贾汗
1592—1666年
沙贾汗（Shah Jahān）是一位建筑狂热者，修建了泰姬陵。

奥朗则布
1618—1707年
奥朗则布精于武略，囚禁了父亲沙贾汗，吞并了维贾耶普拉和戈尔康达。他反对宗教自由，对艺术毫无兴趣。

斐迪南·麦哲伦

葡萄牙航海家斐迪南·麦哲伦（Ferdinand Magellan）是第一位穿越太平洋的欧洲舰队指挥官。若非发生意外，他本来可以成为环游世界第一人。

时间线

- **1480年** 斐迪南·麦哲伦在葡萄牙北部出生。

- **1511年** 与舰队一同攻占马六甲市（位于马来半岛）。

- **1513年** 因一只小腿在战斗中被箭射穿而落下终身残疾。

- **1517年** 与葡萄牙国王争吵，于是前往西班牙效忠查理一世国王（King Charles Ⅰ，后为神圣罗马帝国皇帝）。

- **1519年** 起航穿越大西洋。

- **1520年** 发现通往南海的峡道，即后世所称"麦哲伦海峡"。

- **1521年** 发现关岛，停留数月后踏上返回西班牙的归途。在途经菲律宾群岛时，与土著人发生冲突。

- **1521年** 因插手附近小岛上敌对首领之间的争斗而身亡。

- **1522年** 巴斯克·胡安·塞巴斯蒂安·德尔卡诺（Basque Juan Sebastián del Cano）带领船队返回西班牙，完成此次航行。

托尔德西利亚斯条约（1494）

葡萄牙探险队沿途在新发现的岛上树立边界标志

西班牙人一直向西航行

西班牙人为证明传说中的**印尼香料群岛**在西边，一直向西航行。他们相信环球一周总会抵达目的地。

麦哲伦认为穿过**南美洲**便能**到达东方**，找到东方的香料群岛。

葡萄牙与西班牙之间，佛得角以西 **370**里格处的分界线

德尔卡诺获得皇帝授予的徽号，上面刻着令人骄傲的题词——"你是第一个围绕我航行一圈的人"。

在艰难的航行中，数名船长煽动船员，强迫麦哲伦掉头。矛盾在**饥饿与疾病**交迫中加剧，发生叛乱。麦哲伦巧用多数水手对"叛乱者"的不满情绪，不动声色地解决了叛乱首领，平息暴动。

5
5艘船从西班牙桑卢卡尔德巴拉梅达市起航

3
3艘船抵达麦哲伦海峡

1
1艘船成功返回西班牙

亨利八世与6位妻子

亨利八世为拥有男性继承人而竭尽所能，包括通过《君主最高权力法令》、自行担任英国教会领袖、废除修道院制度、命令新任坎特伯雷大教主批准自己离婚。

阿拉贡的凯瑟琳（Catherine of Aragon）
1485—1536年

1501年，凯瑟琳与亨利的哥哥亚瑟（Arthur）结婚，但亚瑟不久去世，于是亨利迎娶了凯瑟琳。她**生下六个孩子，其中有三个男孩**，但只有一个女孩幸存，名叫玛丽（Mary）。1527年，亨利开始着手**废婚**措施，但事态发展越来越严重。最后，**英国国会脱离了罗马教廷**。

安妮·博林（Anne Boleyn）
约1507—1536年

安妮不满足"国王情妇"这个身份，于是**亨利在1533年1月迎娶了安妮**。

安妮只顺利生下一个**女儿**，也就是后来的英国女王伊丽莎白一世（Elizabeth Ⅰ）。不久后，亨利对她感到厌倦。1536年5月19日，安妮**因通奸罪被处决**。

简·西摩（Jane Seymour）
1509—1537年

亨利**在处决第二任妻子后的第11天**，迎娶了第三任妻子。简在1537年10月12日生下了亨利期盼已久的**男孩**，名叫爱德华（Edward）。不到两周后，她因突发褥热过世。

克里维斯的安妮（Anne of Cleves）
1515—1557年

在还未见到这位德国公主时，亨利便与她订了婚。见到安妮后，亨利并不喜欢她的容貌，两人出于政治原因在1540年完婚，但最后以离婚告终。

凯瑟琳·霍华德（Catherine Howard）
1524—1542年

1540年，亨利迎娶年仅16岁的凯瑟琳。在知晓她的婚前情事后，亨利对她的热情开始减退。宫廷传言也让亨利越来越相信凯瑟琳与他人私通。1542年，**凯瑟琳被处决**。

凯瑟琳·帕尔（Catherine Parr）
约1512—1548年

亨利在1543年迎娶凯瑟琳·帕尔，当时的他已经**又老又胖**，疾病缠身。凯瑟琳已经心有所属，但不得不接受国王的爱意。她一直悉心照顾晚年的亨利，直到他去世。

伊丽莎白一世的统治

亨利八世万万没有想到，以沉重代价换来的贵子爱德华最后会英年早逝，而他的第二个"私生女"却成为女王，否则他必然会捶胸顿足。然而，伊丽莎白这位都铎王朝的末代君主，至今仍被视为英格兰历史上最杰出的帝王之一。

1533年9月7日，安妮·博林生下伊丽莎白。虽然不是男孩，但亨利与第二任妻子紧绷的关系因此有所缓和。

死亡之吻

1536年5月19日
安妮·博林被处决

1547年1月28日
亨利八世去世

1553年7月6日
爱德华六世去世

1558年11月17日
玛丽一世去世

英格兰的黄金年代

在伊丽莎白**统治时期**，世界相对和平，英国有足够的时间与资金**探索世界**，开展跨国贸易，扩张殖民地，并迎来文艺复兴。

童贞女王

伊丽莎白清楚自己是**欧洲最尊贵的单身女性**，利用未婚待嫁的身份，在国内外追求者之间巧妙地周旋。她在**保持未婚**的同时，**维持与各国的关系**，为英国最大限度地谋求利益。

宗教兼容

女王**信仰新教**，但并不愿意去迫害他人。只要信奉天主教的子民表面**上顺从**，她便会忽视他们私下的想法与行为。但是，女王的**首席秘书、特务首脑弗朗西斯·沃尔辛厄姆（Francis Walsingham）爵士**一直在暗中为她进行监视活动。

荣光女王

伊丽莎白统治英国长达**45年**。1603年，伊丽莎白去世，举国陷入深深的哀痛中。

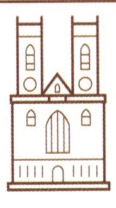

近代早期

糖的黑暗史

大多数中世纪人牙齿健康。富人能够比穷人得到更多的蜂蜜，而糖是一种奢侈品。然后，欧洲发现了获取糖的其他途径……

时间线

- **约公元前8000年** 根据记载，新几内亚可能是最早使用糖的地方。随后，糖逐渐流入东南亚、中国、印度等其他地区。

- **1096—1099年** 进行东征的西欧"十字军"从收复的圣地带回这种"甜味的盐"作为香料。

- **1480年** 葡萄牙人把甘蔗带到新世界（美洲大陆及附近岛屿）种植并制糖。

- **16世纪** 欧洲商人开始将奴隶从非洲西部运送至美洲，种植棉花、烟草和甘蔗。

- **17世纪与18世纪** 糖价因大量奴隶的劳作而降低，成为必需调味品。

- **1747年** 德国化学家安德里亚斯·马格拉夫（Andreas Marggraf）在甜菜中发现糖。

一匙糖

糖原本作为**药物**进口

坏牙成为潮流

英国女王**伊丽莎白一世**非常爱吃甜食，牙齿因此变黑。有趣的是，朝臣相继效仿，认为一口黑牙更能彰显贵族地位。人们当时将糖视作珍宝，上锁保存。

糖的来源

在发现**甜菜**中的糖之前，人们只能从需要**大量劳力种植的甘蔗**中提取糖。

"糖宫"

欧洲许多**宏伟建筑**的修建**资金**都来自产糖作物的种植。

糖的相关数据

15世纪，约有**70**艘船专门用于马德拉（Madeira）的蔗糖贸易。

1550年，加勒比和南美洲约有**3000**座糖厂。

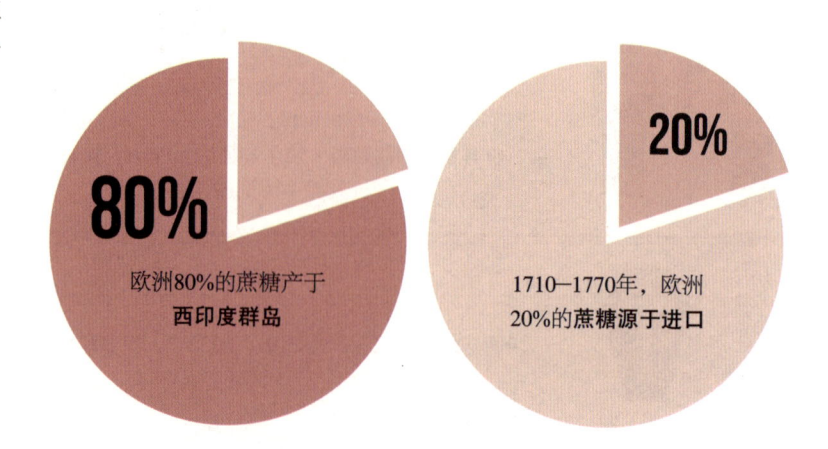

80%
欧洲80%的蔗糖产于**西印度群岛**

20%
1710—1770年，欧洲20%的蔗糖源于进口

苏格兰女王玛丽

玛丽女王一生浪漫而复杂,她的故事是现代欧洲早期最具传奇色彩的故事之一。

时间线

- **1542年** 出生于林利斯戈宫(Linlithgow Palace),是苏格兰国王詹姆斯五世(James V)的唯一继承人,出生六天后继承王位。

- **1547年** 与英格兰王子爱德华订婚。朝臣反对她嫁给新教徒,亨利八世试图"粗暴求婚",绑架玛丽,强迫她嫁给儿子爱德华。

- **1558年** 嫁给法国王子弗朗索瓦(Francis)。

- **1559年** 成为法国王后。

- **1560年** 弗朗索瓦病逝。玛丽回到苏格兰。

- **1565年** 嫁给表弟达恩利勋爵(Lord Darnley)。

- **1566年** 达恩利勋爵与人密谋杀害玛丽的私人秘书戴维·里佐(David Rizzio)。

- **1567年** 达恩利去世,死因扑朔迷离。玛丽嫁给博斯维尔伯爵(Earl of Bothwell)。这段婚姻看似十分草率,遭到贵族反对。玛丽从贵族的囚禁中逃脱,前往英格兰,企图向表侄伊丽莎白一世寻求庇护,却马上被囚禁。

- **1586年** 因叛国罪被判死刑。

- **1587年2月8日** 在佛斯里亨堡(Fotheringhay Castle)被斩首。

伊丽莎白为何囚禁玛丽?

伊丽莎白担心玛丽的拥护者帮助她**夺取英国王位**。

沃尔辛厄姆爵士

伊丽莎白的这位首席秘书兼**特务首脑**一直在监视玛丽的拥护者。他的特工将**截获**的密信拆开**阅读**,再**重新密封**寄送,从而不断在暗中收集证据。

巴宾顿的阴谋

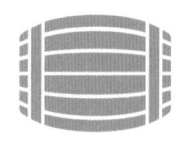

1586年,安东尼·巴宾顿(Anthony Babington)以玛丽的名义策划了一个重大的阴谋。伊丽莎白意识到,**只要玛丽活着,威胁就无法解除**。

说清楚

玛丽认为,若能亲自与伊丽莎白交谈,便能澄清误会。但是,**两位著名的女王从未见过面**。

伊丽莎白为何没有立即处决玛丽?

伊丽莎白感觉自己**与玛丽宿命相连**,同时担心处决君主会开创先例。

迟来的胜利

玛丽的儿子,即苏格兰国王詹姆斯六世(James VI),在伊丽莎白去世后成为英格兰国王,即詹姆斯一世。

56
戴维·里佐被捅56刀

西班牙无敌舰队

英国海军的英勇和恶劣天气消除了对伊丽莎白一世统治的英国最大的威胁。

时间 1588年5—9月

地点 英吉利海峡

参战方 西班牙国王菲利普二世对战英国女王伊丽莎白一世

伤亡 西军死亡2万人，许多人被俘虏；英军仅伤亡数百人

结果 西班牙战败

时间线

- **1587年2月8日** 新教徒伊丽莎白女王处决了天主教徒苏格兰女王玛丽。西班牙国王菲利普二世（Philip II）立誓攻打英国。

- **4月27日—5月1日** 弗朗西斯·德雷克（Francis Drake）中将向军队宣示"烧焦西班牙国王的胡子"，突袭加的斯港（Cadiz），击毁100艘舰船。

- **1588年** 西班牙在加来重新召集由130艘舰船组成的无敌舰队（Armada）。

- 两军开战，英军进攻被击退。

- 英军使用火船攻击。

- 格瑞福兰海战，英军成功阻止西班牙入侵。

- 无敌舰队被迫北上，穿过苏格兰与爱尔兰西海岸，遭遇被称为"新教徒之风"的风暴，许多船只损失。

- **1596—1597年** 西班牙的另外两支无敌舰队均被风暴摧毁。

信仰天主教的西班牙是当时欧洲最强大的帝国。面对强敌，伊丽莎白一世仍想瓜分新世界这个宝藏。她避免正面交锋，派遣"私掠船"袭击从加勒比返程的西班牙商船，以此打击西班牙势力，并支持荷兰摆脱西班牙统治。

保龄球
据说，弗朗西斯·德雷克得知无敌舰队的消息时，正在与人打保龄球，然后草草结束了比赛。

烽火
山上的烽火将消息传达给在普利茅斯等候的德雷克。

女王演讲
1588年8月8日，伊丽莎白在艾塞克斯郡的蒂尔伯里港（Tilbury）向军队发表被后世传颂的**动员演讲**，**巩固了自己的声望**。

舰队肖像
为庆祝和纪念这场胜利，**伊丽莎白有了新的官方肖像画**，现展于格林尼治的王后宫。

影响
虽然英军与西班牙无敌舰队一战以**英国胜利**记入史册，但**伊丽莎白的势力**也因此受到重创并持续减弱，而强大的西班牙则继续统治着欧洲与新世界。

为什么要学点历史

莎士比亚大作

威廉·莎士比亚（William Shakespeare）被誉为世界上最伟大的剧作家。他的作品诞生于戏剧的黄金时代，并且经受住了时间的考验。时至今日，我们仍不经意地引用他的名言。

出生 1564年4月26日　　**住址** 埃文河畔斯特拉特福，后移居伦敦　　**去世** 1616年4月23日

2首诗
《鲁克丽丝失贞记》
《维纳斯和阿多尼斯》

37部话剧
大致可分为三个主要类别，部分学者怀疑这么多"难得"的作品是否出自同一人

154首十四行诗
莎士比亚去世后，在1609年被收集并出版。诗中提到的"黑女士"（Dark Lady）和"美少年"（Fair Youth）等莎士比亚神秘灵感的真实来源从未得到完全证实。

11部历史剧
包括《亨利四世》两部、《理查二世》和《亨利五世》。**多数话剧从都铎王朝统治者的角度讲述历史。** 例如，理查三世被刻画为反派。

14部喜剧
包括《无事生非》《错误的喜剧》《第十二夜》和《仲夏夜之梦》等。

12部悲剧
包括《奥赛罗》《麦克白》《李尔王》和《哈姆雷特》等。

最后的话剧
莎士比亚生前某些话剧的主题十分丰富，难以归类。例如《冬天的故事》，其中既有残酷的死亡，也有许多喜剧人物和救赎色彩。

同时代作家
伊丽莎白一世及其后的雅各布时代的剧院里满是当代作家的杰出作品，通常是具有雅各布风格的华丽而又庸俗的悲剧类型。这些作家包括**克里斯托弗·马洛**（Christopher Marlowe）、**本·约翰逊**（Ben Johnson）、**托马斯·基德**（Thomas Kyd）、**约翰·韦伯斯特**（John Webster）、**托马斯·德克**（Thomas Dekker）。

近代早期

火药阴谋

守卫发现藏在地下室的反叛者盖伊·福克斯（Guy Fawkes）时，他正拿着一块怀表，身旁是以冬季燃料为名而运进地下室存放的36桶火药。

时间 1605年11月5日　　　　**地点** 英格兰伦敦国会大厦

时间线

- **1604年** 天主教徒罗伯特·盖茨比（Robert Catesby）开始召集同谋。

- **1605年** 反叛者租到上议院地下室，在里面放满火药。

- **10月26日** 有人向上议员匿名透露这次阴谋，信件最终落入国务卿罗伯特·塞西尔（Robert Cecil）手中。

- **11月4日** 爆破专家盖伊·福克斯在地下室看守火药，等待点火。

- **11月5日** 福克斯被捕。

- **11月8日** 同谋在霍尔贝克宅邸（Holbeche House）被包围。盖茨比和托马斯·珀西（Thomas Percy）死于枪战，其余同谋被关押到伦敦塔。

- **1606年1月** 所有人被判处绞刑、剖腹和肢解。盖伊·福克斯是幸运的，在被剖腹前已经死了。

背景

英国国王**詹姆斯一世**似乎比前任君主伊丽莎白一世遭受到更多**罗马天主教会的迫害**。罗伯特·盖茨比计划在国会开幕典礼时**炸掉国会大厦**，除掉国王、一些宫廷成员和政府官员。

拷问

福克斯遭受酷刑，甚至可能上了拷问台（一种刑具）。从他在罪状上画押的字迹可以看出，当时的他几乎没有动笔的力气了。

11月5日现在仍然是一个燃烧篝火、释放烟火的英格兰节日

反叛者头颅被插在伦敦桥的尖刺上示众

为什么要学点历史

海盗黄金时代

17世纪，各大洲之间流通的财富引来一代贪得无厌、嚣张跋扈的海上掠夺者。

时间线

- **17世纪30年代** 海盗频繁在加勒比海劫掠，尤其是托尔图加港（Tortuga）。

- **1693年** 海盗托马斯·图（Thomas Tew）创建了臭名昭著的"海盗环"（Pirate Round）劫掠航线。

- **1695年** 威廉·基德（William Kidd）被委派追捕海盗。

- **1701年** 基德船长因海盗行为被处以绞刑。

- **1706年** 海盗共和国在拿骚成立。

- **1717年** 海盗"黑胡子"劫获一艘法国船只，将其改名为"安妮女王复仇号"（Queen Anne's Revenge）。

- **1718年** 英国收复拿骚，终结了海盗共和国。

- **1720年** 绰号"白棉布"（Calico）的杰克·拉克姆（Jack Rackham）因劫掠被处以绞刑。

- **1721年** 约翰·泰勒（John Taylor）和奥利维尔·勒瓦瑟（Olivier Levasseur）夺得"海盗环"最大的单笔赃物。

- **18世纪20年代** 英国皇家海军和受委托的海盗猎手遏制毒瘤，结束了海盗的黄金时代。

私掠船

在伊丽莎白一世统治时期，**沃尔特·罗利（Walter Raleigh）爵士**和**弗朗西斯·德雷克爵士**等"海狗"（sea dogs）持有女王颁发的"**私掠许可证**"，可随时**攻击敌对船舶**。

海盗名人

公共读物展示了一大批狂妄不羁的亡命恶棍，如**"黑胡子"蒂奇（Teach）**、**"白棉布"杰克**、**黑巴特（Black Bart）**和**基德船长**。

女海盗

安妮·邦尼（Anne Bonny）和**玛丽·雷德（Mary Read）**是史上最著名的海盗。**格雷丝·奥马利（Grace O'Malley）**会见伊丽莎白一世时，**郑石氏（Ching Shi，又称"郑一嫂"）**正在中国南海一带大肆活动。

拿骚海盗共和国

1706年，一群海盗在巴哈马群岛的新普罗维登斯岛上一个废弃港口明目张胆地建立起自己的港口

安娜·恩津加

恩东戈（Ndongo）的统治者安娜·恩津加（Ana Nzinga）是一位出色的谈判家，抵御葡萄牙人入侵，并不懈地与国际奴隶贸易做斗争。

时间 约1581—1661年

地点 恩东戈王国，即今安哥拉

对战者 恩东戈对战葡萄牙殖民者

时间线

- **1618年** 姆班迪（Mbandi）废黜了不受爱戴的父王，篡夺王位。在王国陷落时，父亲选择逃跑，而姆班迪则向世人证明自己既残酷又懦弱。

- **1622年** 恩津加身着华服参加和平谈判。葡方有意不给恩津加摆上座椅，她坐在仆人身上开始谈判。恩津加接受洗礼，取基督教名唐娜·安娜·德索扎（Dona Ana de Souza），以此讨好统治者，促成和平谈判。

- **1623年** 恩津加担任罗安达管理者。

- **1623年** 葡萄牙背信弃义，姆班迪慑于敌军的强大而不敢抵抗。恩津加怒不可遏，亲手处死哥哥，成为女王。

- **恩津加宣布安哥拉为自由国家**，为逃难的奴隶提供庇护，并与葡萄牙商人的竞争对手**荷兰建立起史上第一个非欧联盟**。

- **1626年** 葡萄牙废黜了恩津加王位。恩津加逃到马坦姆巴（Matamba），**再次成为女王**。她建立了强大的军队，**亲自领军征战三十多年**。恩津加一直是马坦姆巴女王，直至81岁去世。

恩津加的父亲基卢安吉（Kiluanji）是一个压迫人民的国王，他**与葡萄牙达成协议，进行有限的奴隶贸易，而恩津加强烈反对这种做法**。

恩津加与哥哥姆班迪都**受过箭术、狩猎、外交与贸易方面的训练**。恩津加还从被俘的葡萄牙传教士那里**学习葡萄牙语**。

恩津加的遗体穿着华贵的豹皮，肩膀挎着弓，手里握着箭，以光荣无畏的形象永远长眠。

郁金香热

郁金香球茎曾在中世纪风靡一时,价格飞涨,堪比手工艺大师一年的收入。然而,这个世界上最虚幻浪漫的市场终究还是崩盘了。

地点 荷兰

时间线

- **16世纪末** 郁金香球茎随着运输香料的商船进入荷兰。
- **1593年** 植物学家卡罗勒斯·克鲁修斯(Carolus Clusius)把郁金香球茎带到他在莱顿(Leiden)的植物园进行品种改良。
- **17世纪初** 植物学家争先恐后种植新品种。
- **1636年** 郁金香热潮达到顶峰。
- **1637年2月** 郁金香价格极度膨胀;新的种植者大量涌入市场,投机泡沫破灭。

神奇的东方

郁金香最早来自中亚的帕米尔高原和天山山脉。奥斯曼土耳其人曾痴迷郁金香。16世纪末,这种花卉开始流入西欧。

经典设计

郁金香具有异国风情,艳丽而精致,广受欢迎。特制的台夫特金字塔花瓶展现了各种各样的郁金香。绅士们喜欢拿着郁金香让画家为他们画像。英国建筑师伊尼戈·琼斯(Inigo Jones)在詹姆斯一世的新宫殿中设计了一节"郁金香"楼梯。

供与求

植物学家开始在酒馆和聚会场所进行交易,金钱很快易手。**进口郁金香的公司纷纷开业,为迫切等待新一批郁金香到来的买家建立供求链**。

狂热

郁金香价格开始上涨,**最优质的球茎可以卖到300荷兰盾的高价,大约等于现在的2500英镑**。1633年,据说人们用球茎代替金钱来购买房产,现在的专家对木匠、樵夫、瓦工等普通民众参与投机买卖多持异议。

近代早期

郁金香热为何闻名?

苏格兰作家查尔斯·麦凯(Charles MacKay)认为当时大众的集体癫狂愚蠢至极,刻意在书作中夸张描写了郁金香热,使郁金香商人的"愚蠢"沦为国内外的笑柄。

1633年,5000荷兰盾

一个"永恒奥古斯都"(Semper Augustus)球茎 = 一栋阿姆斯特丹优质房屋

在投机泡沫破灭后,郁金香仍然非常流行,不过价格更加合理

37

五月花号

1620年,"五月花号"(Mayflower)从英国起航。船上的乘客里有一群不堪忍受欧洲教会与皇室迫害的宗教分离主义者,期望到新世界寻求新生活。

船型	大帆船	火炮	4门中型炮、8门小型炮
船长	克里斯托弗·琼斯(Christopher Jones)	常规货物	红酒与谷物
船桅	3根	航速	每天80英里
规模	90~110英尺长,约25英尺宽	航程	66天

朝圣者为何离开?

新教分离主义者拒绝效忠英国教会,为英国政府的迫害而身心俱疲。

这些自称"圣徒"的人在荷兰找到宗教自由,又无法习惯当地的自由生活方式,决定在美洲建立自己的社区。

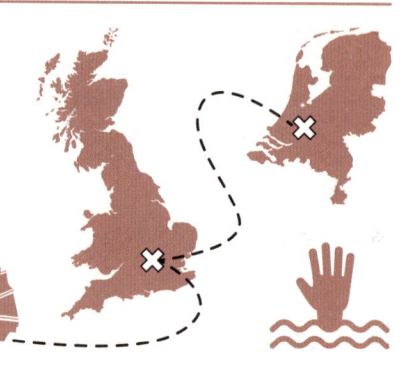

1620年11月9日,他们在科德角(Cape Cod)登陆

航程

"五月花号"和"顺风号"(Speedwell)在1620年7月起航,而"顺风号"发生漏水。

9月6日,"五月花号"赶上风暴季,航程严重延误。

在狂风大浪中,**许多乘客呕吐晕船**,还有一位陌生人被卷入大海。

《五月花号公约》

41名圣徒与陌生人共同签署《五月花号公约》,确立自己**合法移民**的身份。

人数

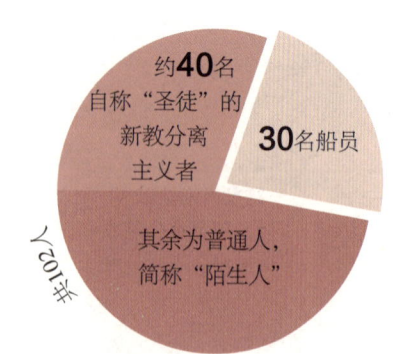

- 约**40**名自称"圣徒"的新教分离主义者
- **30**名船员
- 其余为普通人,简称"陌生人"

共102人

第一个冬季过后,只有**53名乘客幸存**

"五月花号"在1621年返程,历时**1个月**

约**3500万美国人**是"五月花号"乘客的后代

查理一世之死

英国的血腥内战长达九年,成千上万人在战争中付出生命。现在,国王终于落网,该如何处置他呢?有人建议暗中下毒,但这样似乎又不足以树立新政权的荣威……

时间 1649年1月30日

地点 伦敦国宴厅

后世影响 英国封建专制统治结束,资产阶级共和国时代开始,直至1660年恢复君主制

公审

英国国王查理一世在拥挤的法庭上接受审判时,**只戴了一顶毫无尊严可言的帽子**。他嘲讽对他的叛国罪指控,并且拒绝进行辩护。他坚信"君权神授"——只有上帝才能否决自己选择的国王。

查理一世被判有罪,处以死刑。对他的行刑方式并非通常处决叛国贼所用的绞刑、剖腹与肢解,而是**较为体面的斩首**。

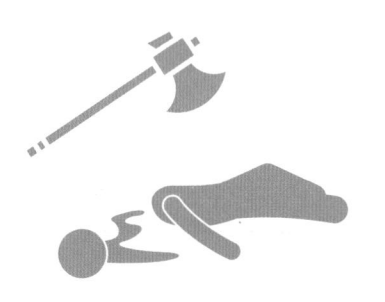

此事为何如此重要?

查理一世的死影响了全世界——如果一国君主能被人民处决,对于其他君主又有何不可?

处决

早上:查理起得很早,因为严冬酷寒,他认真选择衣物。他与贾克森大主教(Bishop Juxon)一同祷告。

上午10:00:查理穿过戒备森严的圣詹姆斯公园(St. James's Park),进入国宴厅。

下午2:00:查理被传唤。他走过国宴厅内鲁本斯创作的著名天顶画,穿过一扇窗户,来到搭建好的断头台。

国王完成临终祷告后,脱下披风,跪下。

他的头被砍下,人群中发出满含惊惧的叹息声。查理的头在一阵沉寂中被挥舞着。

是谁处决了国王?

刽子手衣着严实并且戴着面具,**没有人知道他的真实身份**。

大钟上的黑点

英国皇家骑兵卫队总部的大钟在下午2点处至今标着一个黑点,记录国王被处决的时间。

59人签署了查理一世的处决令,后因**"弑君罪"**被无情追捕。

查理一世临终前穿了**2件衬衣**,以防自己因寒冷发抖而被群众误认为胆怯。

国王在国宴厅等待了**4小时**,直至断头台搭建完毕。

近代早期

埃莱娜·科尔纳罗·皮斯科皮亚

作为首位获得博士学位的女性，埃莱娜·科尔纳罗·皮斯科皮亚（Elena Cornaro Piscopia）向世人证明大学并非男性专属。

时间线

- **1646年6月5日** 埃莱娜在威尼斯贵族科尔纳罗家出生。
- **7岁** 学习希腊语和拉丁语。
- **11岁** 暗中立誓要守护自己的贞操。
- **19岁** 被公认为意大利最博学的女性。
- **1665年** 父亲反对埃莱娜当修女，她只能成为庶务修女（献身修道院工作的人）。
- **1670年** 成为和平学会（Accademia dei Pacifici）会长。
- **1672年** 在帕多瓦大学（University of Padua）学习神学，因身为女性而被拒绝攻读神学博士学位；学校允许她攻读哲学博士学位。
- **1677年** 在帕多瓦大学领导、参议院领导、威尼斯市民和外来访客面前进行答辩。
- **1678年** 完成"答辩"（口试），获得哲学博士学位。
- **1684年** 埃莱娜体质较差，最终因长期宗教苦修和劳累工作而病逝；威尼斯、锡耶纳、罗马和帕多瓦均为她举行了悼念仪式。

除母语外，埃莱娜还学会了7种语言，获得"七语圣人"荣誉称号。

埃琳娜精通	学习科目	音乐才能
拉丁语	数学	大提琴
希伯来语	哲学	小提琴
西班牙语	音乐	竖琴
法语	语法	翼琴
阿拉伯语	辩证法	声乐
古巴比伦语	天文学	
意大利语	神学	

公众关注

由于公众关注度很高，皮斯科皮亚的答辩地点并非帕多瓦大学，而是帕多瓦大教堂。

奖项

埃莱娜在攻读博士学位时，已经获得了以下奖项：

- 一个月桂花环
- 一本哲学著作
- 一条貂皮斗篷
- 一枚金戒指

后世影响

埃莱娜实际上**拿到了第二个博士学位要求的所有学分**，但帕多瓦大学**并未给她颁发学位证**。该校300多年来未曾向其他女性授予过博士学位。

太阳王宫廷

法国国王路易十四（Louis XIV）是个自命不凡、雄心勃勃的君主，其宫殿之奢华更是举世瞩目，因而获得"太阳王"（Sun King）的称号。

路易十四

- 出生日期 1638年9月5日
- 即位年份 1643年
- 结婚年份和配偶 1660年，西班牙公主玛利亚·特蕾莎（Maria Theresa）
- 建筑时间和成果 1661–1689年，凡尔赛宫
- 移居年份 1682年，移居凡尔赛宫
- 死亡日期 1715年9月1日

1661年，路易十四的摄政王马扎林主教（Cardinal Mazarin）去世，路易**以太阳为徽**，进行君主专制。他的统治时期**几乎战乱不断**，但他的宫殿依旧光鲜亮丽。

凡尔赛宫

凡尔赛宫位于巴黎郊外，是玻璃、黄金和镜子汇聚的奇迹，重大的政治外交活动在这里上演。宫中的每个区域都是精心为"合适"的人选安排和设计的。

宫苑

园林设计师**安德烈·勒诺特尔**（Andre Le Notre）精心设计了**约15000英亩的法式花园，湖泊、运河、走道、花坛、雕塑与喷泉**相互交错，美不胜收，至今闻名全球。

凡尔赛宫有 **700** 个房间

超过 **4000** 名仆人

奉承者

国王希望所有贵族都来觐见自己。 5000多名朝臣与奉承者盛装出席，希望得到路易青睐而入住宫殿。宫廷生活被**严格的阶级制度和礼法**支配。

宫廷生活

狩猎、舞会、音乐、盛宴、生意、阴谋和绯闻共同组成凡尔赛宫的日常生活。

新教徒遭迫害

《南特敕令》承认法国胡格诺派教徒（Huguenots）**信仰新教的自由**。在路易十四废除这项敕令后，**20万胡格诺派教徒**从法国逃往**英国与荷兰**。

国王风流韵事

国王只结过两次婚，实际上还有11位情妇，共有约18个孩子。

近代早期

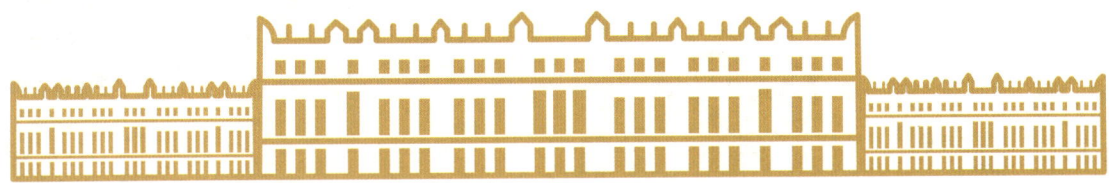

泰姬陵

泰姬陵称得上是印度穆斯林艺术最完美的建筑瑰宝,也是一封皇帝写给亡妻的情书。

古迹由来 泰姬陵是莫卧儿皇帝沙贾汗为第三位爱妻慕塔芝·玛哈(Mumtaz Mahal)所筑

地点 印度阿格拉

修建时间 1632—1653年

建材 白色大理石

高度 240英尺

建筑师 乌斯塔德·艾哈迈德·拉合里(Ustad Ahmad Lahauri)

建筑工 2万人

运输用大象 1000只

耗资 约3200万卢比(今6.3亿英镑或8.3亿美元)

"宫中珍宝"

慕塔芝·玛哈在生下第十四个孩子后去世,失去爱妃的皇帝痛不欲生。根据诗人所述,他的面容一夜间衰老了,背脊弯下,头发变得花白。同年,沙贾汗效仿祖先,开始**动工建造一座规模空前的陵墓**。

囚禁

沙贾汗晚年被儿子奥朗则布篡夺王位,**囚禁**在阿格拉堡,每天只能透过一扇小窗凄然地遥望着自己的杰作,**直至忧郁而死**。

爱情纪念碑

泰姬陵的对称布局、精美雕塑、瑰丽宝石、优雅设计体现了伊斯兰古典美学。它赞颂人类的爱情,引用《古兰经》的内容表达人们对精神世界的向往与重视。

黑色陵墓

传说沙贾汗**原计划用黑色大理石在河对面为自己建造一座一模一样的陵墓**,与爱妃相对而眠,但这个传说无从考证。

泰姬陵四周是 **4000平方英里** 的保护区,严格控制污染排放

每年游客数量达到 **700万~800万** 人次

为什么妻学点历史

英国君主制复辟

奥利弗·克伦威尔（Oliver Cromwell）去世后，由其子继任护国公，即被称为"倒下的浑蛋"的理查德·克伦威尔（Richard Cromwell）。理查德倒台，为英国君主制的回归奠定了基础，从而爆发了一场涉及政治态度、道德与哲学的革命。

时间

- 1660年 查理二世（Charles Ⅱ）在多佛港登陆，回到伦敦。
- 1665年 伦敦大瘟疫暴发。
- 1666年 伦敦发生大火。
- 1685年 查理二世驾崩，复辟时期终结。

查理二世不像父亲一样"君权神授"，行动在很大程度上受制于议会。

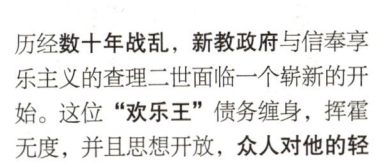

荒诞的宫廷生活

历经数十年战乱，新教政府与信奉享乐主义的查理二世面临一个崭新的开始。这位"欢乐王"债务缠身，挥霍无度，并且思想开放，众人对他的轻浮放荡感到不满。

战争

尽管查理二世希望维持和平局面，英荷战争仍然在1665—1667年爆发。1667年，荷兰军队突袭梅德韦港，英国海军遭受有史以来最惨重的一次失败。英国被迫重新组建军队，并造就了一支更为精良的舰队。

戏剧

克伦威尔曾经废止"戏剧表演"。现在，受大众喜爱的戏剧已然重新回归，英格兰第一批合法女演员也随之出现，其中一位就是内尔·格温妮（Nell Gwyn），从橘子商贩的身份一路攀升，成为国王的情妇。

学术

在英国君主制复辟时期涌现出一批**杰出科学家**，包括**艾萨克·牛顿**（Isaac Newton）爵士、**罗伯特·胡克**（Robert Hooke）和**克里斯托佛·雷恩**（Christopher Wren）爵士，在天文学、工程学和建筑学领域掀起了一次复兴浪潮。

塞缪尔·佩皮斯

塞缪尔·佩皮斯（Samuel Pepys）是一位特殊的普通公民，与皇室有密切往来。他的著作《佩皮斯日记》为世人对这一时期的解读提供了详尽而直观的记录。

68596人 死于1665年的伦敦瘟疫

6人被证实死于**伦敦大火**，实际死亡人数更多

30岁 查理在30岁生日当天以国王身份回到伦敦

近代早期

伦敦大火

1666年9月2日,伦敦布丁巷(Pudding Lane)面包师托马斯·法里纳(Thomas Farriner)的烤箱失火,一阵大风使火势迅速蔓延。无情的大火在伦敦持续燃烧5天之久。

时间线

9月2日

凌晨1:00 面包房失火。

上午7:00 约300所房屋被烧毁。

上午11:00 《佩皮斯日记》作者塞缪尔·佩皮斯到达白厅,将火灾情况禀告英国国王查理二世。国王下令拆除房屋来形成隔火带。

9月3日

上午9:00 约克公爵(Duke of York)组织消防队灭火。

下午2:00 大火烧毁皇家交易所。

9月4日

凌晨5:00 国王动员消防队。

中午12:00 路德门(Ludgate)监狱和新门(Newgate)监狱被烧毁。

晚上8:00 火势蔓延至圣保罗大教堂。

晚上10:00 为保护白厅,大量建筑被拆除。

晚上11:00 强风终于减弱,但风向改变,将火势朝储存火药的伦敦塔吹去。

9月5日

大火终于在黎明前被扑灭。

塞缪尔·佩皮斯将大火后的伦敦描述为"我所见过的最悲凉的场景"。

大火相关数据

6
据记载,只有6人死亡,但贫民死亡没有记录,实际死亡人数应该更多

1000万
大火造成经济损失约1000万英镑,约等于今天的11亿英镑

13200 户房屋被烧毁

87 座教区教堂被烧毁

80000 人无家可归

追责

一名法国钟表匠遭指控纵火,被处决,事实上是无辜的。

光荣革命

在亨利八世操弄下，天主教徒与新教徒之间的隔阂从未完全消除。1688年，英国民众意识到自己宁愿接受荷兰新教王子的统治，也不愿意服从信仰天主教的英国国王，两个教派之间的冲突再度爆发。

不得人心的国王

1673年 查理二世通过《宣誓法案》（Test Acts），强迫所有政府官员均效忠英国国教，**而非罗马天主教**。

1685年 查理二世无嗣而亡，由弟弟约克公爵**詹姆斯继任英国国王**，成为詹姆斯二世。

1686年 詹姆斯不顾国内外反对，**废除《宣誓法案》**，进而担任更多天主教重要职务。

1687年 为实现宗教完全自由，詹姆斯发布《宽容宣言》（Declaration of Indulgence），**废除所有宗教刑法**。

7位要人

英国议会的7位要人（坎特伯雷大主教和六名主教）邀请**荷兰执政奥兰治王子威廉**（Dutch Prince William of Orange，娶詹姆斯女儿玛丽为妻）入侵英国，让女儿取代父亲做英国国王。

15000人

1688年11月5日，威廉率领一支由1.5万人组成的庞大军队在**德文郡托尔湾**（Torbay）登陆，受到新教徒热烈欢迎。反天主教的暴乱愈演愈烈，詹姆斯的军队**多数选择叛变，归顺威廉**。

不适时的子嗣

1688年，**詹姆斯得子**，其信仰英国国教的女儿玛丽无望继位，使国内众多新教徒的希望破灭。

王国大印

没有王国**大印**，就无法**召集合法议会**。詹姆斯逃离时，将大印**扔进了泰晤士河**。

2

新任君主加冕仪式需要**两顶王冠**——篡权后，**威廉不甘心玛丽配偶的身份**。1689年2月13日，威廉与玛丽分别加冕为英国国王和女王，成为英格兰史上唯一的**联合君主**。

近代早期

塞勒姆审巫案

17世纪，美国塞勒姆县接二连三出现癔病病例，当地人认为是"女巫"作祟。

时间 1692年　　　　**地点** 马萨诸塞州塞勒姆县

时间线

- **1月** 贝蒂·帕里斯（Betty Parris，9岁）和阿比盖尔·威廉姆斯（Abigail Williams，11岁）开始发作"癫痫"，并称自己十分难受。接着，其他女孩开始出现相同症状。

- **2月** 当地医生说女孩们被施了巫术；指控开始，三个女人被指控为女巫。

- **3—5月** 经过审讯，帕里斯家的女奴提图芭（Tituba）认罪；三个女人被监禁；越来越多的嫌犯被捕。

- **6月** 殖民地官员警告法院不可采信"幽灵证据"，但依此被定罪的犯人还是被处决了。

- **7月** 审判、定罪和处决与日俱增。

- **9—10月** 受审者开始放弃作证。

- **11月** 高级刑事法庭审判其余嫌犯，拒绝使用幽灵证据法。

- **1693年** 所有在押嫌犯获释。

欧洲猎巫运动

猎巫行动**始于14世纪的欧洲**，约有4万～6万名"女巫"被处死。

信仰

在新英格兰，多数人是清教徒，他们**敬畏上帝，惧怕巫术**。

雪球效应

被指控的人又被强迫指控他人，导致嫌犯越来越多，无人幸免。但是，多数嫌犯是不受欢迎的一类人——邻居、单身女性、"奇怪"的人和不定期参加礼拜的人。

幽灵证据

证人声称看到过幽灵，说这是魔鬼的象征。

事实

无人知道真相。可能的解释包括：
- 哮喘
- 莱姆病
- 麦角中毒
- 癫痫
- 虐童
- 妄想性精神病
- 脑炎

审巫案相关数据

200多人 被指控施巫术	**140～150人** 被捕	**19人** 被处以绞刑	**1人** 被拷打而死

《塞勒姆的女巫》（*The Crucible*）

亚瑟·米勒（Arthur Miller）的这部戏剧表面上讲述的是塞勒姆审巫案，实际上是影射麦卡锡主义的"恐共疑云"。

为什么要学点历史

约翰·塞巴斯蒂安·巴赫

约翰·塞巴斯蒂安·巴赫（Johann Sebastian Bach）精通乐理，是三个世纪以来音乐家中的佼佼者，也是世界上最杰出的音乐家之一。

时间线

- **1685年3月31日** 巴赫在德国图林根州艾森纳赫出生。
- **1703年** 成为魏玛宫廷音乐家。
- **1717年** 成为安哈特－科滕（Anhalt-Köthen）的领主利奥波德王子（Prince Leopold）的宫廷乐队指挥。
- **1721年** 创作《勃兰登堡协奏曲》和《平均律钢琴曲集》。
- **1740年** 视力开始衰退，但仍笔耕不辍。
- **1750年7月28日** 去世。

招牌：管风琴

巴赫的作品**主要以对管风琴的运用而闻名**。他的许多著名作品都用到了管风琴，包括《**D小调托卡塔与赋格**》。

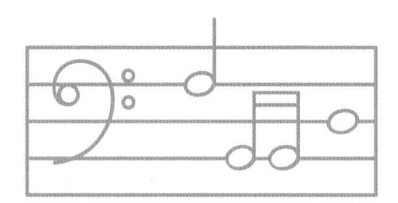

《平均律钢琴曲集》

这是巴赫为学生创作的非常精妙的两套练习曲集，每集**各有24首前奏曲与赋格**，用遍12个大调和12个小调，**按各自调性发展而排列**。

当**利奥波德王子**聘请巴赫为他工作时，魏玛宫廷的**前任雇主将巴赫监禁起来**，企图让他留下。

手术

1750年，巴赫勇敢尝试通过**风险性手术**来恢复视力，最终还是**完全失明**了。

咖啡文化

巴赫著名歌剧《咖啡康塔塔》旨在庆祝兴奋饮料这一当时的新兴潮流。

被埋没的音乐才能

巴赫失明后几乎没有发表新作品，而**莫扎特、贝多芬**等杰出音乐家均对他赞不绝口。

1128

巴赫作品现存1128首

启蒙运动

从17世纪到18世纪末，人们对世界有了新的见解。在理性时代的哲学影响下，通过学术研究、解放运动和坚持不懈的努力，人们渐渐推翻了天主教会与传统君主制的封建"真理"，为革命奠定了基础。

托马斯·霍布斯
（Thomas Hobbes）
1588–1679年

霍布斯在其政治学著作《利维坦》中论述，统治者与公民之间的**社会契约**是唯一的文明延续方式——公民**将部分个人自然权利交由国家管辖，从而使他们的其他权利得到国家保护**。

勒内·笛卡儿
（René Descartes）
1596–1650年

笛卡儿是法国**"现代哲学之父"**。他认为，人类可以通过严谨的数学、科学的观察和实验获取知识并进行哲学思考；他创立了**"我思故我在"**的哲学起点。

约翰·洛克
（John Locke）
1632–1704年

英国哲学家洛克认为，**自我概念**（或称为"主观性"）**源于经验**，并主张**通过科学实验来获取真理**。

伏尔泰
（Voltaire）
1694–1778年

"伏尔泰"是**弗朗索瓦·马利·阿鲁埃**（François-Marie Arouet）的笔名。他主张开明的君主政治，宣扬**宗教宽容与信仰自由**，强调人人平等的自然权利。

让-雅克·卢梭
（Jean-Jacques Rousseau）
1712–1778年

卢梭出生于瑞士日内瓦，其作品《论人类不平等的起源和基础》与《社会契约论》点燃了**法国大革命**的火苗。

托马斯·杰斐逊
（Thomas Jefferson）
1743–1826年

杰斐逊认为，**政府应该在不侵犯公民自由的前提下保护他们的自然权利**。他信奉自然神论，认为**人人均有信仰自由，国家和政府不应强行干涉**。

为什么要学点历史

汉诺威王朝

长达百余年的"乔治王"时代,为大英帝国带来了经济与文化的空前繁荣,再次掀起了学术与艺术启蒙运动的浪潮。

乔治一世
1714–1727年

来自**德国汉诺威家族**的乔治一世(George Ⅰ)并无心学习英语。他是王位继承序列**第52位选帝侯**,虽然不得民心,但至少是个**新教徒**。

乔治二世
1727–1760年

乔治二世(George Ⅱ)与父王乔治一世之间存在严重的矛盾,他继位后**也不得民心**。**数场战争动摇了他的统治**,詹姆斯党的王位觊觎者"英俊王子查理"(Bonnie Prince Charlie)更是给国王造成了很多麻烦。

乔治三世
1760–1820年

乔治三世(George Ⅲ)是**汉诺威家族第一个出生在英格兰的人**。他动辄害羞、谦虚谨慎,对妻子、家庭与君主职责都十分上心。虽然在位期间**"丢失"了美国殖民地**,并且在**晚年精神病恶化**,但他还是得到了民众爱戴。

乔治四世
1810–1820年

乔治四世(George Ⅳ)继位前,**曾在父亲乔治三世生命最后十年里担任摄政王**。他喜好奢侈放纵的生活,痴迷建筑艺术,其**摄政时期因艺术文化兴盛而闻名**。

1820–1830年

乔治四世继位后,**公开反对妻子不伦瑞克的卡罗琳**(Caroline of Brunswick)**成为英国王后**。公众利用这一矛盾对国王与政府提出抗议。在乔治四世的**爱女夏洛特难产身亡**后,国家重新团结起来。

威廉四世
1830–1837年

威廉四世(William Ⅳ)本来无欲进行统治。他在年轻时期曾征战四方,在64岁继位后仍不改水手的豪爽与直率,因此被世人称为"水手国王"。他在统治时期落实了几项重大的改革措施:旧法律革新、童工限制、大英帝国大部分地区废除奴隶制,还有也许是他生平最值得一提的举措——1832年的《改革法案》通过,对过时而不公正的英国选举制度进行全面改革。

维多利亚
1837–1901年

维多利亚(Victoria)是英国最著名的君主之一,在位63年零7个月,统治时间长于所有前任君主,是汉诺威家族的末代帝王。她在1840年与萨克森-科堡-哥达公国(Saxe-Coburg and Gotha)的阿尔伯特王子(Prince Albert)结婚,所生九个孩子均与欧洲大陆的皇室与贵族联姻,使英国与欧洲其他国家的关系得到巩固,维多利亚也因此得名"欧洲祖母"。

近代早期

南海泡沫事件

南海泡沫事件是史上最疯狂的金融投机活动之一，对众多受害者造成了毁灭性的经济损失。

南海公司（The South Sea Company）成立于1711年，主要从事奴隶贸易。该公司认为……

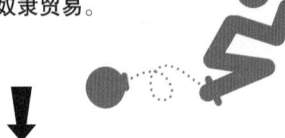

↓

西班牙王位继承战争将以签署条约告终，而这项条约将使该公司成为英国与**西班牙南美洲殖民地的贸易垄断者**。

↓

1713年《乌得勒支条约》规定了奴隶贸易税收，只允许南海公司**每年派出一艘商船**。

↓

南海公司认购了巨额国债，并给当时的人们制造了繁荣的假象，外加政府担保一定时期内6%的国债年利率，导致**人们纷纷把国债换为南海公司的股票**。

↓

南海公司**首次出航成果不大**，但……

↓

1718年，**英国国王乔治一世**成为该公司董事会主席。投资者发现股票**利率翻倍**，开始疯狂购买该公司股票。

↓

1720年，**英国议会允许南海公司接收全部国债**后，南海公司把部分股票分给政府，随后股价暴涨，市场开始泡沫化。同年8月，南海公司股价开始陡坡式下跌。

↓

12月，南海公司股价一落千丈，泡沫由此破灭。

1720年南海公司股价

1月128英镑
2月175英镑
3月330英镑
5月550英镑
6月1050英镑

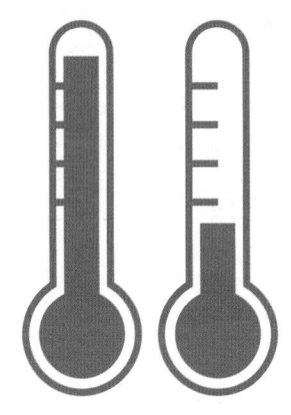

8月800英镑
9月175英镑
12月124英镑

影响

英国下议院下令展开调查，发现至少有**3名内阁官员受贿**。**罗伯特·沃波尔**（Robert Walpole）**接受国王委托，取得实权**，以整顿南海公司，并承诺铲除罪魁祸首。虽然揪出了部分涉嫌贪污的官员，但他放过了部分涉案人员。

事后，**南海公司被西班牙政府收购**，到1853年才正式停业。

侥幸者

并非所有人都遭受了经济重创——那些在泡沫巅峰抛售股票的精明人士反而变成了大富豪。

《格列佛游记》的作者——讽刺作家**乔纳森·斯威夫特**（Jonathan Swift）在泡沫事件中遭受经济损失，于是**在作品中自嘲**。

为什么要学点历史

卡洛登战役

"英俊王子查理"为苏格兰王位进行争斗的时间较短,其过程充斥着血腥战乱。他在詹姆斯党叛乱中担任的角色在苏格兰历史上十分重要。

- **日期** 1746年4月16日
- **地点** 苏格兰卡洛登德拉莫西沼地(Drumossie Moor, Culloden)
- **参战方** 查理·爱德华·斯图亚特(Charles Edward Stuart)对战英国政府代表坎伯兰公爵威廉(William, Duke of Cumberland)
- **伤亡人数** 詹姆斯党:1500~2000人;英国政府:50人
- **结果** 斯图亚特的英国王位继承权被取消

小王位觊觎者

富有魅力的**查理·爱德华·斯图亚特王子**是英格兰国王詹姆斯二世的孙子,也是"老王位觊觎者"詹姆斯的长子,从小在罗马长大,**认为自己是苏格兰与英格兰王位的合法继承人**。

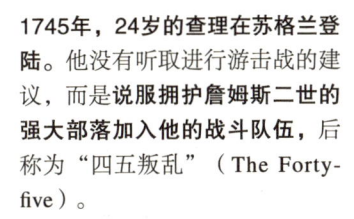

1745年,24岁的查理在苏格兰登陆。他没有听取进行游击战的建议,而是**说服拥护詹姆斯二世的强大部落加入他的战斗队伍**,后称为"四五叛乱"(The Forty-five)。

查理**以为会有更多援军加入**,特别是法国援军。

坎伯兰公爵被召回**镇压叛乱**。

战役

查理率领的叛军因**猛烈的冻雨**和**泥泞的沼泽**而行动受阻。

持阔刃大剑的苏格兰人在数量、谋略与军备上远不如持刺刀和步枪的英国红衣兵。

苏格兰军队在英国领土上的**最后一场激战**以**溃败**告终。

查理伪装成**弗洛拉·麦克唐纳**(Flora MacDonald)的**女仆逃脱**。他的王权梦也就此彻底破灭了。尽管被重赏缉拿,但**没有人背叛**他。

近代早期

独立宣言

《独立宣言》是美国历史上最重要的文件之一，它宣告殖民地解放，并提出人人享有不可剥夺的平等权利。

时间 1776年7月4日

地点 美国费城宾夕法尼亚州政府，现为"独立纪念馆"

作者 罗杰·谢尔曼（Roger Sherman）、本杰明·富兰克林（Benjamin Franklin）、托马斯·杰斐逊（Thomas Jefferson）、约翰·亚当斯（John Adams）、罗伯特·利文斯顿（Robert Livingston）

该宣言由当时全部13个殖民地的代表签署，这些殖民地包括：
- 康涅狄格
- 特拉华
- 佐治亚
- 马里兰
- 马萨诸塞湾（包括缅因）
- 新罕布什尔
- 新泽西
- 纽约
- 北卡罗来纳
- 宾夕法尼亚
- 罗德岛及普罗维登斯庄园
- 南卡罗来纳
- 弗吉尼亚

宣言内容

文件指出，美国13个殖民地将**不再效忠英国王室**，并且必须断绝与大不列颠国家之间的一切政治关系，作为自由独立的国家。文件还列出了**对英国王室的27条指控**。

真的人人平等吗？

当时的**美国原住民被形容为"残忍的印第安野蛮人"**，并且人们仍在奴役非洲裔美国人。

1320 单词数量	**200** 《独立宣言》第一版发行约200份	**26** 至今尚存26份副本	**1** 其中一份经所有代表签署，保存在华盛顿特区国家档案馆	**100万+** 在烟花绽放中，每年有超过100万人看到这份文件

4

1776年7月2日，**美国宣布独立**，但直到7月4日国会才正式批准，而实际**签署日期可能更迟**。次年，独立日庆祝活动隆重举行，鸣枪13声，向每个获得解放的殖民地致敬。

欧洲壮游

18世纪，英国绅士在欧洲文化圣地壮游（the Grand Tour）一番后，才算完成教育。

壮游从穿越英吉利海峡的一段艰难航程开始。

绅士们**在巴黎**欣赏**卢浮宫**和**杜伊勒里宫**的艺术作品，参观**巴黎圣母院**，还可以买一顶**法国制造的假发**。

他们必须绕行**凡尔赛宫**，见识法国宫廷的高雅与庄严。

再往南走，对罗马遗迹进行速写。

穿越阿尔卑斯山有一定危险，但当绅士们看到**意大利美景**后，会发现一路付出物有所值。**罗马古建筑**、新发现的**庞贝古城**（Pompeii）和赫库兰尼姆古城（Herculaneum）格外引人入胜。即便买不起古罗马艺术真品，他们也有很多复制品可以选择。

那不勒斯社交场所是不容错过的地方，他们可能在那里遇见这座城市里所有**可能出现的女士**。

若要邂逅女士，北上前往**威尼斯**更是不二之选。此外，当地的**聚会也颇具传奇色彩**，绅士们甚至还能够感受一番艺术熏陶。

根据预算，壮游涵盖的国家可能包括**德国、希腊、瑞士和低地国家**。

传奇之笔

不列颠许多豪宅的**新古典主义建筑风格**都归功于这些接受过古典主义教育、在游历中受到启发的英国绅士。

东印度公司

东印度公司（East India Company）对英国殖民地之间的贸易垄断长达200多年。该公司主导国内外政策，逐渐扩张势力，并掌握了惊人的权力。

时间线

- **1600年** 伊丽莎白一世向伦敦商人在东印度贸易的公司（Governor and Company of Merchants of London Trading into the East Indies）授予"皇家特许状"。

- **1601年** 公司派出5艘商船驶往香料群岛。

- **1708年** 公司扩大，改名为"英格兰商人东印度贸易联合公司"（United Company of Merchants of England Trading to the East Indies）。

- **1758年** 罗伯特·克莱武（Robert Clive）成为孟加拉总督。

- **1765年** 公司管理印度大片土地并征收重税。

- **1773年** 公司的茶叶被波士顿茶党倒入大海，后称"波士顿倾茶事件"。

- **1784年** 《东印度公司法案》规定议会监督民政和军政，削弱公司权力。

- **1857年** 印度民族起义，公司败象显露。

- **1858年** 英国政府将印度统治权交给王室。

- **1873年** 公司解散。

伦敦商人组成世界上第一家有限责任公司，共同承担国际贸易成本。

交易商品
- 丝绸
- 染料
- 棉花
- 硝石
- 香料
- 茶叶
- 瓷器
- 鸦片（非法）

奴隶制

从17世纪20年代起，东印度公司开始**使用奴隶劳动**，并运输奴隶，使**奴隶贸易在18世纪30—70年代达到顶峰**。

军方利益

1803年，东印度公司拥有了**军舰和一支由26万人组成的庞大常备军**。该公司还有权召集英国海军和王室军队。

鸦片战争

东印度公司想**与中国建立贸易关系**，从中国购买**茶叶**，向中国出售当地政府禁止的**鸦片**。东印度公司还出兵参与了鸦片战争（1839—1842，1856—1860）。

后续发展

英国国会试图遏制东印度公司的权势，尤其针对印度地区，**逐渐削弱其主导地位**，直到其最终解散。

英国工业革命

18世纪，在科学与哲学飞速发展的同时，工程学和应用科学领域的创新也蓄势待发。

时间线

- **1709年** 亚伯拉罕·达比（Abraham Darby）使用焦炭炼铁。

- **1712年** 托马斯·纽科门（Thomas Newcomen）发明第一台实用蒸汽机。

- **1771年** 理查德·阿克莱特（Richard Arkwright）通过自己改进发明的新型水力纺纱机，在英国德比市附近的克罗姆福德（Cromford）创办了第一家知名制造厂。

- **1778年** 詹姆斯·瓦特（James Watt）改进蒸汽机。

- **1779年** 世界上第一座铁桥证明铁的广泛实用性。

- **1783—1784年** 亨利·科特（Henry Cort）发明搅炼法，以去除铁的杂质。

- **1784年** 埃德蒙·卡特莱特（Edmund Cartwright）开始研制动力纺织机。

- **1801年** 理查德·特里维希克（Richard Trevithick）建造第一台轮轨蒸汽机车。

传统**手工业**作坊只有1~2名工人，而**工厂**里有数百名工人。

在工厂中，原来的劳动实现了**机械化**，劳动者只需负责商品生产过程中的特定工作，而非整个流程。

工厂和矿山的作业条件十分恶劣，童工普遍存在。

新发明的**蒸汽机以煤为燃料**，具有稳定**可靠的动力**，可以实现批量生产。**运河、铁路和公路**的新建提高了**通信和运输**的效率。

因为**农业机械化**和**圈地运动**，成千上万农民失去工作，只能**移居到新城市中**寻找就业机会。

800
1789年，理查德·阿克莱特的工厂雇用了800名工人

约2000
1800年，英国约有2000台在用蒸汽机

12小时
工人每天普遍工作12小时

2000+
1815年，建成运河超过2000英里

从伦敦到曼彻斯特用时

1700年：1 2 3 4 天

1870年：1 2 天

近代早期

英式庭园

在欧洲游历的贵族归国后，委托建造了许多帕拉第奥式新古典主义风格的精美建筑，以此铭记壮游的宝贵经历。造园师兰斯洛特·布朗（Lancelot Brown）充分利用这些宅邸的潜力，设计出布局完美的庭园景观。

富裕的出资者认为旧式花园过于刻板与繁复，想要**古典主义与"英国"风格相结合**的景观。

开创者

18世纪20—30年代，**威廉·肯特**（William Kent，1685—1748）和**查尔斯·布里奇曼**（Charles Bridgeman，1690—1738）将**石窟、庙宇和帕拉第奥式桥梁**的概念与英国乡间自然美景融合，开创了英式庭园的设计之路。

时间线

- 1716年 兰斯洛特·布朗在英国诺森伯兰郡出生。
- 1724年 威廉·肯特在齐斯威克官（Chiswick House）设计了一个新式庭园。
- 1738年 白金汉郡斯托庄园（Stowe House）的庭园动工。
- 1763年 布朗接手改建布莱尼姆宫（Blenheim Palace）。
- 1764年 布朗成为皇家造园师。
- 1783年 布朗在伦敦去世。

斯托庄园

斯托庄园的庭园由威廉·肯特和查尔斯·布里奇曼共同设计，是**英国最具影响力的庭园之一**。布朗曾是那里的园丁。

被誉为"能人"的兰斯洛特·布朗将设计理念融入轻松写意的自然风格，囊括了一览无余的远景、当地地标和**"引人注目的要素"**。这些要素包括：

- 湖泊
- 庙宇
- 方尖碑
- 奇特桥梁
- 凯旋柱
- 水渠
- 古典陵墓
- "东方式"桥梁和茶馆
- 草坪
- 观赏性园林

他**用溪流点缀村落**，**将林地划分为**两个观赏区，**将位置不宜的小山坡移到**宽阔之处，构成更具层次感的风景。在整体布局中，**家畜由凹陷的"暗墙"隔开，劳工身影也不会出现在景观里**。

雷普顿

最后要提到伟大造园师**汉弗莱·雷普顿**（Humphry Repton，1752—1818），他制作著名的**"红皮书"**，直观地向雇主展示自己的设计方案和效果。

260
"能人"布朗设计的260座庭园景观所在地包括：
西萨塞克斯郡**佩特沃斯**（Petworth）
德比郡**查兹沃斯**（Chatsworth）
牛津郡**布莱尼姆宫**
诺丁汉郡**克伦伯公园**（Clumber Park）

400+
汉弗莱·雷普顿共接受了**400多个设计委托**

21000英镑
布莱尼姆的园林美化费用高达**2.1万英镑（今400万英镑或520万美元）**

庭园设计费用很高，拥有一座高度美化的庭园能够体现一位绅士不凡的气度、高雅的品位、社交谋略，以及雄厚的财力。这场庭园设计热潮永久改变了英国的风貌。

为什么要学习点历史

高地清洗运动

在英国圈地运动期间,苏格兰高地和西部岛屿的农民被逐出了自己的家园。他们的传统生活被彻底颠覆,心中充满极大的怨愤。

时间 约1750—1880年

参与者 富裕地主。他们清理新取得的土地,将其作为牧场,驱逐成千上万佃户,烧毁他们的房屋

结果 大批人口流入工业化城市;许多人移居美国;高地变成欧洲人口最稀少的地区之一

氏族制度

在清洗运动前,多数人以"贝莱斯"(bailes)为单位群居,即当地氏族酋长领导下的内部小团体。

自耕农

部分**撤离者在土地边界处重新定居**。亚当·斯密(Adam Smith)等经济学家表示,这些农民在艰难困苦中,将不得不寻找新的生存方式。离开的部分农民确实改以钓鱼和收割海带来维持生计。

1886年颁布的《自耕农用地法案》为自耕农提供了一定的土地租用保障,并设立法院来解决租户与地主之间的纠纷。

影响

19世纪末,**高地上连绵羊都很稀少**。许多高地原住民和岛民都已在世界各地安家。

英国政府的顾虑

这些氏族使英国政府感到忧虑。卡洛登战役后,苏格兰传统**格子呢和风笛被禁**。富裕地主(多数是外地人)开始将土地用于牧羊等其他目的,并沿途破坏当地村庄房屋。

相关数据

具体数字备受争议,大致如下:

150000
约15万人在清洗运动中**被逐出家园**

70000
约7万高地原住民和岛民在1760—1800年**移居**,可能在往后六十年内已再度移居

15000
1.5万人在1811—1821年被逐出萨瑟兰伯爵夫人和斯塔福德侯爵的土地

近代早期

沃尔夫冈·阿马德乌斯·莫扎特

沃尔夫冈·阿马德乌斯·莫扎特（Wolfgang Amadeus Mozart）的音乐作品超凡脱俗，可进入世界最伟大的文化宝藏之中。

时间线

- **1756年** 莫扎特在奥地利萨尔茨堡（Salzburg）出生。
- **1768年** 创作第一首弥撒曲《G大调小弥撒》。
- **1770年** 14岁时创作第一部歌剧《本都王米特拉达梯》。
- **1782年** 与康丝坦兹·韦伯（Constanze Weber）结婚；他们共生下六个孩子，但只有两个孩子活了下来。
- **1784年** 加入共济会，创作新型作品，包括《魔笛》。
- **1787年** 给16岁的贝多芬上课。
- **1791年** 死于肾衰竭，埋葬在一个普通的坟墓中。

600+ 莫扎特共创作600多首作品

神童

小莫扎特3岁就能靠感觉在钢琴上弹出和弦，4岁学会弹奏音乐片段，5岁开始作曲。在6岁生日前，父亲带他和姐姐玛丽亚·安娜[Maria Anna，小名"娜奈尔"（Nannerl）]去慕尼黑和维也纳等地，**在宫廷中演奏**。从此，小莫扎特的日常生活变成了在欧洲巡回演出。

《求主垂怜》

格雷戈里奥·阿莱格里（Gregorio Allegri）**的杰作**均受到严格保护，从未在梵蒂冈以外演奏。然而，**莫扎特**在西斯廷教堂听完《求主垂怜》后，**凭记忆写下了整个乐谱**。

音乐爱好者

天才也需要寻找灵感，比如莫扎特，格外喜欢**巴赫**、**亨德尔**和**海顿**的作品。

最热作品

- 《费加罗的婚礼》
- 《唐乔万尼》
- 《女人心》
- 《C小调弥撒》
- 《D小调安魂曲》

12 首小提琴协奏曲
15 首弥撒曲
17 首钢琴奏鸣曲
21 首舞台/歌剧作品
25 首钢琴协奏曲
26 首弦乐四重奏
27 首音乐会咏叹调
50 多首交响曲

波士顿倾茶事件

　　英国政府免除东印度公司的高额进口关税，并勒令美国殖民地只从英国进口茶叶，东印度公司由此占据了茶叶市场的垄断地位。这是当时政府强加给英国北美殖民地众多法规中的最新规定，而且群众无权表决。

日期 1773年12月16日

地点 马萨诸塞州波士顿

对立方 英国北美殖民地对抗英国政府

反抗口号 无代表不交税

伤亡情况 约翰·克兰（John Crane）被落下的茶叶箱砸伤，但未致命

结果 英国国会颁布一系列"强制法令"（Coercive Acts），殖民地称之为"不可容忍法令"（Intolerable Acts）

塞缪尔·亚当斯

亚当斯对抗过许多不公正的法令，包括《食糖法》《印花税法》和《汤森法》（Townshend Acts）。他发表具有感染力的演讲，激发了群众的反抗精神。

忠贞的自由之子

"自由之子"（Sons of Liberty）是对抗英国政府的**美国秘密社团**，通常以**"自由之树"矗立之地**作为会晤场所。

波士顿倾茶事件相关数据

1773年秋天，7艘英国商船驶往殖民地……

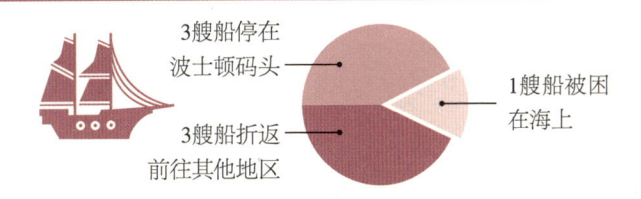

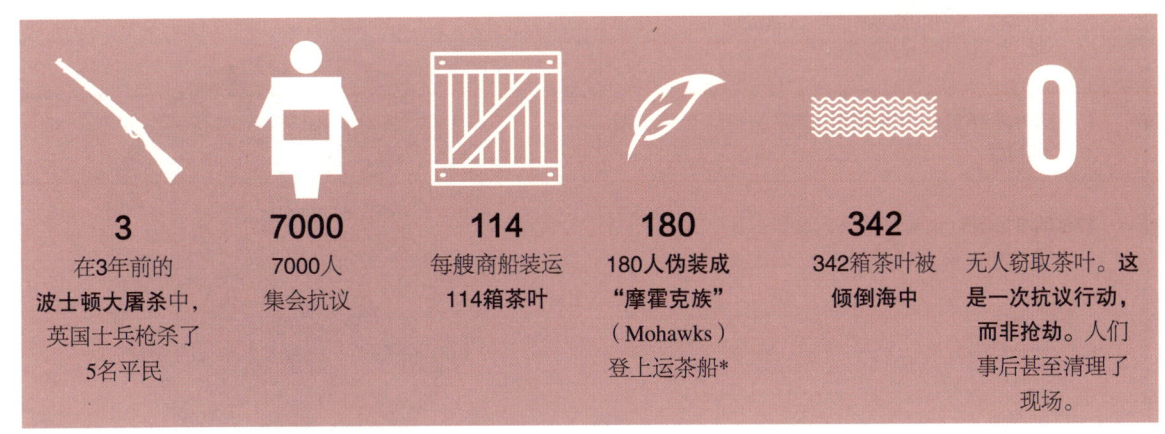

- 3艘船停在波士顿码头
- 3艘船折返前往其他地区
- 1艘船被困在海上

3 在3年前的**波士顿大屠杀**中，英国士兵枪杀了5名平民

7000 7000人集会抗议

114 每艘商船装运114箱茶叶

180 180人伪装成"摩霍克族"（Mohawks）登上运茶船*

342 342箱茶叶被倾倒海中

0 无人窃取茶叶。这是一次抗议行动，而非抢劫。人们事后甚至清理了现场。

*无人知晓"集会抗议"的真实人数，很多人带着秘密离开人世。

近代早期

美国独立战争

美国独立革命后,13个北美殖民地成功从英国独立出来,成立了最早的美利坚合众国。

时间线

- **1756—1763年** 英国在"七年战争"中损失惨重,于是决定反击,让殖民地付出代价。

- **1764年** 《食糖法》颁布。这是北美殖民地深恶痛绝的第一条强制性税收法令。

- **1775年4月19日** 一支由700人组成的英军在美国列克星敦(Lexington)击溃当地民兵77人。收到保罗·里维尔(Paul Revere)的警报后,多达400名民兵在康科德(Concord)进行反击。

- **1775年6月17日** 虽然美军输掉了邦克山战役(Battle of Bunker Hill),但英军也伤亡惨重,这鼓舞了民兵的士气。

- **1775年7月3日** 乔治·华盛顿在马塞诸塞剑桥指挥民兵作战,迫使英军从海上撤离波士顿,但未成功攻占加拿大。

- **1776年7月4日** 13个英国殖民地联合发表《独立宣言》。

- **1781年9月5日** 法国海军上将德格拉斯(de Grasse)率军进入切萨皮克湾援助美军;华盛顿率美军从陆地围困英军。

- **1781年9月28日—10月19日** 英军被困约克镇,被迫投降。

- **1783年9月3日** 英美签订《巴黎条约》,英国正式承认美国独立。

背景

英国对北美殖民地长期施行**"有益的忽视"**政策,先是放松管理,而后又通过**强加税收和法令**等手段,**试图夺回控制权**。

殖民地居民从最初的**不满**发展成集体抗议,然后做出了反击。在波士顿倾茶事件后,英国进一步采取镇压措施,施行"不可容忍法令"。

美军
(主要以小股武装作战)

231771
大陆(国家)士兵

164087
民兵

英军
42000
士兵

30000
(训练有素的)
雇佣兵

1/3 三分之一殖民地居民顺从英国

2/3 三分之二殖民地居民进行反抗

库克船长的探索之旅

詹姆斯·库克（James Cook）船长接受的第一项任务看似平静无险——前往新西兰和澳大利亚观测金星轨道。只不过，他还带了一封密件，里面包含他此行的第二个目的。

詹姆斯·库克船长

詹姆斯·库克（1728–1779）原是商船水手，后迅速晋升并荣获皇家海军军衔，因作为**船长**和**制图师**而闻名。

金星过境

皇家天文学家埃德蒙·哈雷（Edmund Halley，1656–1742）认为，在**金星凌日**时进行充分观察，便可计算出地球与太阳之间的距离。

未知南方大陆

库克还打算暗中寻找传闻中的"**未知南方大陆**"。

第一次探索
（1768–1771）

- **任务** 观测金星过境
- **出资者** 英国皇家学会和海军部
- **船只** "奋进号"，曾为商船
- **官方艺术家** 约瑟夫·班克斯（Joseph Banks）
- **成果** 观测到金星过境轨道，并绘制了新西兰群岛图。图中澳大利亚东海岸为英国殖民地，命名为"新南威尔士"。库克的下属还枪杀了部分新西兰土著人

第二次探索
（1772–1775）

- **任务** 寻找"未知南方大陆"
- **出资者** 英国海军部
- **船只** "决心号"和"探险号"
- **官方艺术家** 威廉·霍奇斯（William Hodges）
- **成果** 三次穿越南极圈，两次来回南太平洋，绘制了欧洲人原先未知的群岛图

第三次探索
（1776–1779）

- **任务** 从英国送回一名波利尼西亚（Polynesian）岛民
- **秘密目的** 探索从北太平洋到北大西洋的西北航道
- **出资者** 英国海军部
- **船只** "决心号"和"探索号"
- **官方艺术家** 约翰·韦伯（John Webber）
- **结果** 在当时不为欧洲人所知的夏威夷，当地人与船员发生暴力冲突，导致詹姆斯·库克、4名海军陆战队员和16名夏威夷人身亡

近代早期

库克的探索之旅为欧洲人认识世界带来了深远的影响，并激发了更多的探险活动。但是，对库克沿途遇到的土著人来说，就不是什么好事了……

乔治·华盛顿

乔治·华盛顿（George Washington）是美国开国总统，至今仍被视为真正的爱国者。

时间线

- **1732年2月22日** 在弗吉尼亚出生。
- **1752年** 加入殖民地民兵。
- **1756—1763年** 在"七年战争"（英法北美战争）中英勇奋战而声名远扬。
- **1759年** 与玛莎·卡斯蒂斯（Martha Custis）结婚，当选为弗吉尼亚下议院议员，对抗不公正的英国税收制度。
- **1774—1775年** 作为殖民地解放事业的拥护者代表参加第一届和第二届大陆会议。
- **1775年** 担任殖民地军指挥官。
- **1777年** 在萨拉托加（Saratoga）战役中取胜。
- **1783年** 与英国签订《巴黎条约》，双方休战。
- **1787年** 当选美国制宪会议主席。
- **1789年** 成为美利坚合众国第一任总统。
- **1792年** 连任美国总统。
- **1797年** 退任美国总统。
- **1799年12月14日** 去世。

政党

让华盛顿苦恼的是，**美国刚刚独立，政府内部就因政见不合而分为两派：联邦党与民主共和党**。

奴隶制

华盛顿**强烈反对奴隶制**。他颁布了《**1794年奴隶贸易法案**》，限制美国商船从事奴隶贸易。但是，直到去世前，他的名下还有300名奴隶。华盛顿留下遗嘱，交代后人让这些奴隶重获自由。1800年，他的妻子给予这些奴隶和她自己的奴隶自由。

弗农山庄

华盛顿的**故居是占地8000英亩的弗农山庄**（Mount Vernon）。他不仅在那里种植作物、给土壤施肥、圈养牲畜，还饶有兴味地研究当时最新的技术创新。

白宫

《宅地法案》使**波托马克河畔**（后华盛顿特区）永久成为**美国首都**。华盛顿曾经监督修建白宫，但**从未在里面居住过**。

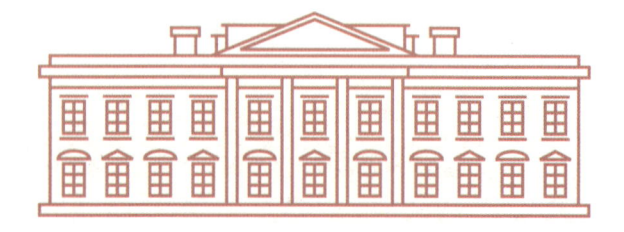

第一舰队

监狱人满为患，而罪犯又不断增加，怎么办呢？也许将犯人流放到世界另一边的新大陆是个不错的选择。

- **船只数量** 11艘
- **起航** 1787年5月13日，英国朴次茅斯
- **到达** 1788年1月26日，悉尼湾
- **首任总督** 亚瑟·菲利普（Arthur Phillip）上尉
- **罪犯来源** 英国（多数）、非洲、美国和法国

船上共有1420人
部分人在海上遇难，只有1373人抵达

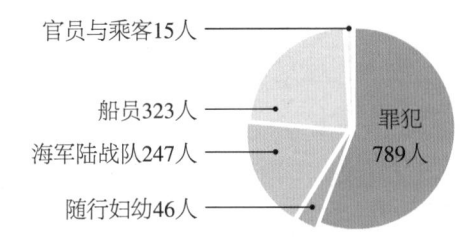

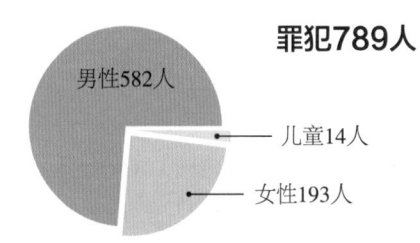

- 官员与乘客15人
- 船员323人
- 海军陆战队247人
- 随行妇幼46人
- 罪犯789人

罪犯789人
- 男性582人
- 儿童14人
- 女性193人

第一舰队押运的罪犯是英国最早流放的犯人吗？

英国也曾向美洲流放过罪犯。美国独立战争打响后，英国只能将罪犯流放至澳大利亚。

未知南方大陆

直至1770年，詹姆斯·库克船长才将澳大利亚列为英国领土。当时，这片大陆和当地50万土著人的存在仍鲜为人知。

犯人罪行

包括：
- 偷窃
- 入室盗窃
- 公路抢劫
- 偷盗服装
- 偷盗动物
- 军职罪
- 卖淫
- 诈骗
- 政治犯

菲利普上尉在出航前遗漏了许多实用性物品，只能在船舶抵达目的地后下令补充物资，并**给囚犯安排工作**。在这些囚犯中，他找到了**制砖工、木匠、护理人员、牧羊人、厨师、马车夫、记账员和行政官员**。

最先索求土地奖励的罪犯是詹姆斯·鲁塞（James Ruse），一名懂得耕种的入室盗窃犯。

第一舰队后裔

1792年，许多罪犯刑满获释。部分人回到英国，其他人决定在新世界寻找机遇。**他们的子孙引以为傲地称自己为"第一舰队后裔"**。

近代早期

法国大革命

1789年，法国人民遭遇贫穷与饥荒，开始痛斥令他们饱受疾苦的罪魁祸首——花销巨大的神职人员与王室成员。当不公正的土地税开始征收后，法国大革命的序幕瞬间拉开。

时间线

- **1789年5月** 法国国王路易十六（Louis XVI）召开三级会议，对土地增税的决定进行投票；第三等级代表发表《网球场宣言》（Tennis Court Oath），建立"国民议会"。

- **7月14日** 巴士底狱（Bastille Prison）被攻占；原为贵族的7名囚犯被释放。

- **1791年6月** 路易十六等王室成员出逃失败。

- **1792年** 君主制被废除。

- **1793—1794年** 恐怖专政时期。

- **1794年7月27日** 雅各宾派革命者罗伯斯庇尔被处决。

- **1804年5月18日** 拿破仑·波拿巴称帝。

拿破仑·波拿巴
1799年，拿破仑的士兵发现了罗塞塔石碑。

恐怖专政

在"恐怖专政"期间，革命团体对涉嫌**"反革命"**的人采取了严厉措施；被称为"断头台夫人"（Madame Guillotine）的高效斩首刑具获批，开始作为公平的人道处决手段使用；无数犯人在断头台上人头落地。

被捕人数估计	被正式处决人数估计	接受审判前死在狱中人数估计
30万人	1.7万人（实际更多）	1万人

要人之死

路易十六 法国国王，死于断头台。

乔治·丹顿（Georges Danton）
革命者，在恐怖时期与罗伯斯庇尔发生分歧，被送上断头台。

马克西米连·罗伯斯庇尔（Maximilien Robespierre）
革命时期最重要的领袖人物之一，被公开处决。

让-保尔·马拉（Jean-Paul Marat）
激进的山岳派（Montagnard）领导人之一，在沐浴时遇刺。

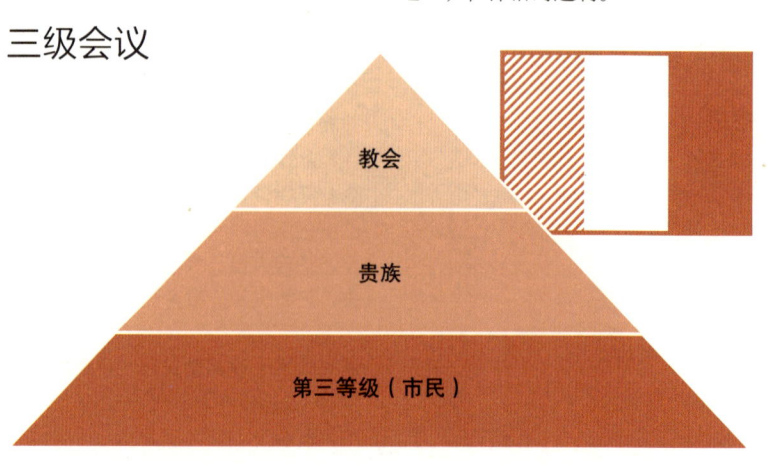

三级会议

- 教会
- 贵族
- 第三等级（市民）

本杰明·富兰克林

本杰明·富兰克林（Benjamin Franklin）是著名政治家、出版商、外交官、文学家、科学家和发明家，称得上是真正的"文艺复兴学者"，也是美国最伟大的开国元勋之一。

时间线

1706年1月17日 在美国波士顿出生。父亲很贫穷，无力长期供他上学，他离开学校到哥哥经营的印刷所当学徒。

1724年 第一次游历伦敦。

1726年 在费城定居，独立经营印刷厂，发行《宾夕法尼亚报》。

1748年 已经积累足够的财富，可以退休，专注于科学研究与发明。

1751年 发表科学论文《电学实验与观察》。

1736—1751年 担任宾夕法尼亚议会秘书。

1750—1764年 担任宾夕法尼亚议会议员。

1757—1774年 在伦敦担任宾夕法尼亚、佐治亚、新泽西和马萨诸塞的殖民地代表。

创办机构

富兰克林协助创办了以下机构：

- 美国哲学会（The American Philosophical Society）
- 图书馆公司（The Library Company）
- 一个学院（后为宾夕法尼亚大学）
- 一个消防公司
- 一个保险公司
- 一个医院

富兰克林的众多发明包括：

- 富兰克林火炉
- 避雷针
- 电池
- 双焦眼镜
- 里程表
- 玻璃琴
- 夏令时
- 摇椅
- 美国硬币（面额50美分）
- 用于书架的"长臂"取书器

他**还发现了墨西哥湾的海洋暖流**，鉴定并命名了**电绝缘体**和**导体**。

富兰克林的风筝实验

富兰克林通过在雷雨天放风筝收集电荷，证明闪电就是一种放电现象。

1753—1774年 担任殖民地邮局副局长，并重组邮局；投身美国独立战争。

1776年 参与起草并签署《独立宣言》。

1776年 作为三名美国代表之一，前往法国，与法国谈判并签订《法美同盟条约》。

1783年 作为美国大使前往法国，签订《巴黎条约》。

1785年 回到美国，参与制定美国宪法。

1789年 当选废除奴隶制促进协会会长。

1790年4月17日 在费城去世。

近代早期

玛丽·安托瓦内特之死

这位前王后被推上断头台的时候，不小心踩到了刽子手的脚，于是她的道歉便成了临终遗言。

时间线

- **1755年11月2日** 神圣罗马帝国皇帝弗兰茨一世（Francis I）的第15个孩子玛丽亚·安东尼亚·冯·哈布斯堡-洛林（Maria Antonia von Hapsburg-Lothringen，本名）出生。

- **1770年4月19日** 与14岁的法国王位继承者路易-奥古斯特（Louis-Auguste）结婚。

- **1774年5月10日** 路易十五去世，路易十六加冕；18岁的玛丽·安托瓦内特（Marie Antoinette）成为王后。

- **1778年** 玛丽生下期待已久的第一个孩子（一生共生下四个孩子）。

- **1785—1786年** 因一条昂贵项链陷入欺诈丑闻。

- **1789年** 法国大革命爆发。

- **1791年6月20日** 国王与王后出逃，在瓦雷纳（Varennes）被拦截。

- **1792年8月10日** 革命者攻占杜勒里宫，拘禁国王与王后。

- **1793年1月21日** 路易十六被处决。

- **1793年10月16日** 玛丽·安托瓦内特被处决。

玛丽·安托瓦内特起初很受欢迎，但她在法国宫廷里过着**奢侈无度的生活**，饱受饥荒的法国下层民众看在眼里，对她的怨恨日益增长。最终，她成了**社会腐败的象征**。

项链丑闻

王后卷入一桩**昂贵珠宝诈骗案**。虽然她是**无辜**的，但民众并不相信。

革命

当革命者攻下巴士底狱时，国王与王后**正在为小女儿的不幸夭折而哀悼**。不久，他们又失去了作为继承人的大儿子和小儿子。

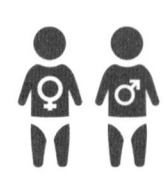

处决

法国曾经最时尚的女人玛丽·安托瓦内特，最后坐在粗糙的运货马车里，被押到断头台。当刽子手举起她被斩下的头颅时，群众爆发出亢奋的高呼："共和国万岁！"

拿破仑·波拿巴

拿破仑·波拿巴（Napoleon Bonaparte）是世界上最伟大的军事家之一。时至今日，人们依然在学习和研究他的智慧谋略。

时间线

- 1769年8月15日　在法国科西嘉岛（Corsica）出生。
- 1785年　从巴黎军校毕业，在58名军官中排名第42位。
- 1789年　参战支持法国大革命。
- 1796年　拿破仑的军事策略为意大利战场带来多场胜利。
- 1796年　与约瑟芬·德博阿尔内（Joséphine de Beauharnais）结婚。
- 1798年　在"金字塔战役"中打败埃及军队。
- 1798年　在尼罗河战役中被纳尔逊击败。
- 1799年　返回巴黎，通过不流血的政变夺得大权，成为法国第一执政官。
- 1802年　签订《亚眠条约》，与英国建立不稳定的短暂和平时期。

妻子们

拿破仑与约瑟芬风雨如磐的14年夫妻关系在1809年画上句号，两人还没有儿子。1810年，他不太情愿地迎娶了奥地利公主玛丽·露易丝（Marie Louise）。

三帝大战

拿破仑在奥地利奥斯特里茨（Austerlitz）率6.8万法军，在普鲁士军队到来前，迎战俄国沙皇和奥地利神圣罗马皇帝联军的进攻。虽然法军人数较少，还是攻破了对方防线，并俘虏敌军2.6万人，为神圣罗马帝国的瓦解奠定了基础。

在圣赫勒拿岛（Island of St. Helena）上看守拿破仑的士兵人数：

白天 **125**人

晚上 **72**人

- 1804年　《拿破仑法典》颁布，更新了土地法规。
- 1804年　拿破仑加冕称帝。
- 1805年　在特拉法尔加海战中战败。
- 1805年　在奥斯特里茨战役取得最辉煌的一场胜利。
- 1812年　在血腥的俄法战争中惨败，政权开始瓦解。
- 1814年　被迫退位，遭流放至厄尔巴岛（the Island of Elba）。
- 1815年　重回巴黎，开始短暂的第二次统治时期。
- 1815年　在滑铁卢战役中战败，再次遭流放。
- 1821年5月5日　在流放地圣赫勒拿岛去世。

漫长的19世纪（1789—1914）

拿破仑战史

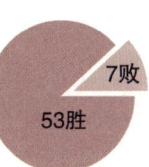

53胜　7败

29
在金字塔战役中，仅有29名法军士兵战死，而敌军损失数千人

2281
《拿破仑法典》共有2281条法律条文

84天
拿破仑"百日王朝"实际只持续了84天

特拉法尔加海战

特拉法尔加海战（Battle of Trafalgar）是史上最具传奇色彩的战役之一。英国最伟大的海军指挥官以牺牲性命为代价，巩固了大英帝国的霸权。

时间 1805年10月21日

地点 西班牙西南部特拉法尔加角（Cape Trafalgar）

参战方 英国和法国

指挥官 海军上将霍雷肖·纳尔逊（Horatio Nelson）对战海军中将皮埃尔-夏尔·维尔纳夫（Pierre-Charles Villeneuve）

伤亡统计 英军伤亡1700人；法军伤亡6000人，近2万人被俘

结果 英军胜利

备战

1803年，英法《亚眠条约》被撕毁，两国战火一触即发。1804年，西班牙与法国结成联军；年末，纳尔逊追击一支法西联合舰队至西印度群岛。1805年初，包括**海军中将维尔纳夫**在内的法西联合舰队已做好全面进攻的准备。

非凡领导力

纳尔逊向来受到军队拥戴。哪怕秘书被炮弹击中，他依然英勇地**在甲板上指挥**，鼓舞军队士气。

一颗直径0.69英寸的子弹
夺走了纳尔逊的生命

殉职

下午1:15，法舰"敬畏号"上的枪手**击中**甲板上的**纳尔逊**，子弹击穿了他的肺动脉，停留在脊柱里。在枪林弹雨中，他被抬进舱房，英军仍以不断变化的战术应对法军围击。下午1:30，"敬畏号"船长投降；下午2:15，维尔纳夫投降；接近下午4:30的时候，纳尔逊死亡。

举国哀悼

纳尔逊殉职**的消息传来后**，**全国人民哀声如潮**。大批送葬民众来到烈士的灵柩前悼念，场面几乎失控。几日后，纳尔逊正式出殡；在一场大型葬礼后，纳尔逊的遗体葬于圣保罗大教堂的地下石棺。此后，人们**每年都会举行正式的特拉法尔加晚宴等周年活动**，纪念这位伟大的海军上将。

15000 1.5万名哀悼者来到纳尔逊的灵前，更多人被拒之门外

104 英国皇家海军战列舰"胜利号"共有104门火炮

2890 "胜利号"共开火2890次

33 33艘法舰参战

27 27艘英舰参战

22 22艘法舰被击毁

0 没有一艘英舰被摧毁

罗塞塔石碑

乍看之下，这个残破的石块刻着密密麻麻的怪异符号，似乎没有什么意义，实际上它是解密神秘古迹的关键。

时间线

公元前196年
石碑雕刻完成

1799年7月15日
被人发现

1801年
石碑辗转来到英国

1802年
在大英博物馆公开展示

1917年
在"一战"期间藏于邮政地铁站

发现

罗塞塔石碑最早由拿破仑军队在**埃及罗塞塔**[Rosetta，亦称拉希德（Rashid）]发现。当时，指挥官**皮埃尔·弗朗索瓦·布夏赫**（Pierre-François Bouchard）意识到这块石碑具有重要意义。

石碑究竟写了什么？

石碑内容是古埃及城市**孟斐斯的祭司**制作的一种诏书，旨在纪念托勒密五世（Ptolemy V，前204—前181年在位）的加冕。

为何如此重要？

石碑用的是**三语对照写法**，只要理解其中一种语言，便能破解另外两种失传语言的文法结构。利用这种方法，专家们翻译出了象形文字。

语言

- **埃及通俗语言**（埃及人日常手迹）
- **古希腊语**
- **象形文字**，主要由古埃及祭司使用

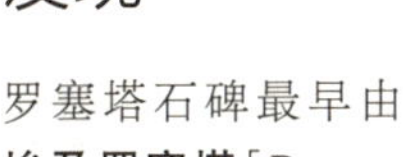

约1818年
英国**物理学家**
托马斯·杨（Thomas Young）
破译出石碑上部分象形文字，它们
代表一位帝王——托勒密五世

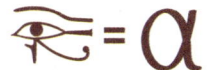

1822年
法国学者**让-弗朗索瓦·商博良**（Jean-François Champollion）
编制出了埃及文字符号与希腊字母的对照表

1824年
商博良通过对照类似埃及通俗语言的**科普特语**（Coptic），
理解了象形文字。

漫长的19世纪（1789—1914）

拉丁美洲独立英雄

从1806年委内瑞拉一次失败的起义，到1826年西班牙最后一个要塞的陷落，南美洲殖民地民众内心滋生已久的怨愤终于爆发，终结了西班牙与葡萄牙对南美洲长达300年的殖民统治。

西蒙·波利瓦尔
（1783–1830）

西蒙·玻利瓦尔（Simón Bolívar）被称为"南美洲解放者"。他在委内瑞拉领导了对抗西班牙统治的革命后，又率军打响了博亚卡战役（Battle of Boyacá），仅以13人战死、50人受伤的代价，击杀200名西班牙保皇党人，并俘获1600人。玻利瓦尔最终统治了委内瑞拉、哥伦比亚、厄多瓜尔、秘鲁、巴拿马和玻利维亚，但和平并不长久。

贝尔纳多·奥希金斯
（约1776–1842）

智利民族英雄贝尔纳多·奥希金斯（Bernardo O'Higgins）是一位务农的绅士，他指挥对抗西班牙殖民统治的战斗，最终解放智利，并成为最高执政长官。

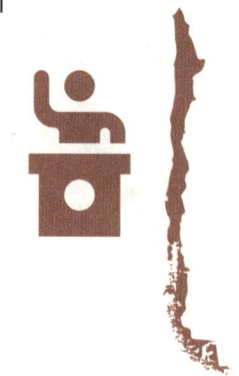

弗朗西斯科·德米兰达
（1750–1816）

虽然弗朗西斯科·德米兰达（Francisco de Miranda）领导的拉丁美洲解放运动以失败告终，但其英勇事迹依旧激励着世人。

墨西哥独立之父
（1753–1811）

米格尔·伊达戈尔-科斯蒂利亚（Miguel Hidalgo y Costilla）原为神父，后投身革命事业，最终壮烈牺牲，成为墨西哥独立的象征。

何塞·德圣马丁
（1778–1850）

何塞·德圣马丁（José de San Martín）出生于阿根廷，原为西班牙皇家陆军军官。独立战争爆发后，他返回阿根廷参战，对抗西班牙，先后解放智利和秘鲁。

曼努埃拉·塞恩斯
（1797–1856）

曼努埃拉·塞恩斯（Manuela Sáenz）来自厄多瓜尔，是西蒙·玻利瓦尔的情妇。1828年，她从暗杀者手中救出了玻利瓦尔，被誉为"解放者的解放者"。

摄政时期

在乔治三世精神健康失控后，由其子（后来的乔治四世）担任摄政王。

时间 1810—1820年

出版作品 1813年，简·奥斯汀《傲慢与偏见》

战役 惠灵顿公爵（Duke of Wellington）在滑铁卢战役中击败拿破仑，结束了拿破仑的军政生涯

伤亡统计 在1819年彼得卢大屠杀（Peterloo Massacre）中，15名示威者身亡，400～700人受伤

摄政王

民众讨厌**乔治招摇的生活方式，因此他并不是一位受人喜爱的摄政王**。但是，在他摄政时期，艺术和文化兴起了热潮。

简·奥斯汀

简·奥斯汀对**摄政时期社会生活**的描述来自当时的真实生活与想象。

建筑

约翰·纳西孜孜不倦地为摄政王工作，在伦敦的**摄政公园**、**摄政街**和**摄政运河**周围设计新建筑。

布莱顿新居

热爱设计的**建筑师约翰·纳西**（John Nash）使用当时最新潮的印度与中国风格，将王子在布莱顿（Brighton）渔村的住所改建成**极具东方特色的豪华宫殿**。王子十分满意，带上时尚服装移居到这里，把之前最喜欢的巴斯城留给残疾与年迈的上将居住。

时尚

著名裁缝博·布鲁梅尔（Beau Brummel）设计的女士**古典高腰**裙装使用圆滑、简洁的线条，视觉效果极佳。布鲁梅尔**摒弃传统的假发与礼服的搭配方式**，独创了**马裤、燕尾服**和众所周知的能够起到完美点缀作用的领带。

简·奥斯汀作品

- 《理智与情感》（1811）
- 《傲慢与偏见》（1818）
- 《曼斯菲尔德庄园》（1814）
- 《爱玛》（1815）
- 《劝导》（1817）
- 《诺桑觉寺》（1817）

漫长的19世纪（1789—1914）

最后的冰雪节

1309—1814年，泰晤士河冻结23次，其中5次极寒冰冻天气充分展现了传统"冰雪节"应有的盛景。

时间 1814年2月1日

地点 英国伦敦泰晤士河

活动 冰雪节

持续时间 4天

霜冻的欧洲

小冰期（Little Ice Age）尚无明确的时间表，大多数人认为16—19世纪是其顶峰时期，那时北欧一带平均气温偏低。

泰晤士河为何冰冻？

在正常情况下，泰晤士河水可从**伦敦桥狭窄的拱门流过**；但在**极其寒冷时**，河流中有冰块，向下游涌去的冰块会卡在桥梁支柱间，从而形成水坝。

盛景阴暗面

扒手、骗子、妓女和赌徒喜欢乘他人雪盲之机偷取财物。**许多伦敦居民死于酷寒或饥荒**，尤其是贫民；还有些人因冰层破裂而掉入河中。

盛宴与狂欢

船工宣告冰面安全后，为时数日的冰雪节开始——**商贩匆匆架起货摊和展台；大批伦敦居民来到冰上狂欢，纵情酒色之中**。

19世纪"自拍"

冰面上有10台**被冻住的印刷机**，为聚会者印制小型纪念邮票，上面有**聚会者的姓名、日期与留念场景**，售价6便士。

泰晤士河为何不再冰冻？

约翰·雷尼（John Rennie）设计的**新伦敦桥**在1831年投入使用，**宽拱门更少，使泰晤士河水能够持续流动**；而约瑟夫·巴泽尔杰特（Joseph Bazalgette）在1862年设计建造的隔离式排污下水管网，**使泰晤士河变得更窄、更深**。

菜单

姜饼
热苹果
蜜饯与松子酒
拉普兰羊肉
（普通羊肉，一先令一片）
"惠灵顿万岁：佳酿"

纪念品

- 书籍与玩具
- 小饰品
- 珠宝
- 小茶杯与大啤酒杯

娱乐项目

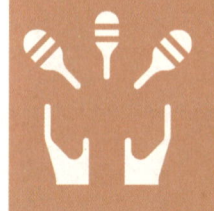

- 杂耍
- 高跷
- 舞剑
- 吞剑
- 奏乐
- 表演
- 特技
- 斗牛
- 九柱戏
- 猎狐
- 舞蹈
- 滚地球
- 溜冰
- 赌博
- 大象

滑铁卢战役

历经二十多年的血腥冲突后,拿破仑与惠灵顿亲自指挥军队进行决战,但两人实际上从未打过照面。

时间 1815年6月18日

地点 比利时滑铁卢(Waterloo)

参战方 英国与普鲁士联军对战法国皇家卫队

结果 英国和普鲁士联军获胜,在1815年7月7日攻占巴黎

背景

拿破仑在特拉法尔加海战中被击败,但他在被迫退位前,仍然继续在欧洲大陆发动战争。1815年,拿破仑返回巴黎,再次称帝,英国、普鲁士、俄罗斯和奥地利组成反法联军向其宣战。

敌军败而不灭

6月16日,拿破仑在利尼(Ligny)击退普鲁士军队,但未曾预料败退的敌军不可轻视。惠灵顿占领夸特布拉斯(Quatre Bras)后,便撤至滑铁卢坚守阵地,等待普鲁士盟军前来。

致命错误

拿破仑担心泥泞的地面会影响攻势,于是**推迟进攻**,使布吕歇尔(Blücher)元帅带领的普鲁士军队得以与盟军会师。

两位军事伟人

拿破仑与惠灵顿一生中打过许多胜仗,两人**实力相当**,在好胜的同时,又相互敬重。

伤亡统计

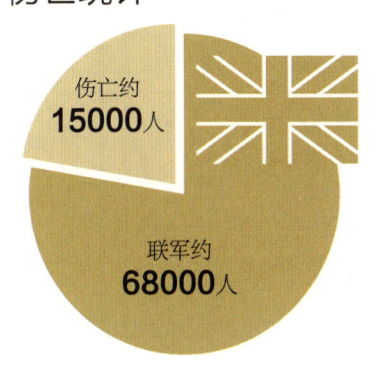

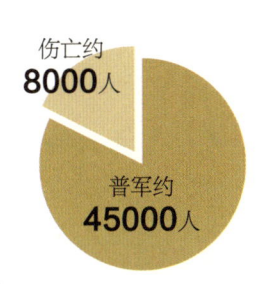

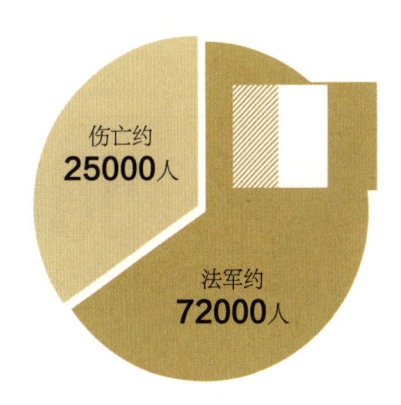

伤亡约 **15000**人
联军约 **68000**人

伤亡约 **8000**人
普军约 **45000**人

伤亡约 **25000**人
法军约 **72000**人

漫长的19世纪(1789—1914)

《弗兰肯斯坦》的诞生

拜伦勋爵（Lord Byron）与雪莱夫妇在日内瓦湖畔度假时，为打发时间发起了一项挑战——创作鬼故事。年轻的玛丽·雪莱（Mary Shelley）起初缺乏灵感，直到她回忆起自己在旅途中看到的一座城堡，于是"怪物"诞生了。

时间线

- **1797年8月30日** 玛丽·雪莱出生。
- **1816年** 玛丽做了惊悚的"白日梦"后，创作了一部短篇小说。
- **1818年** 书商拉辛顿（Lackington）出版《弗兰肯斯坦》（*Frankenstein*），或名《现代普罗米修斯》（*The Modern Prometheus*）。
- **1823年** 《弗兰肯斯坦》首次被改编为话剧。
- **1831年** 首部普及本发行。
- **1851年** 玛丽去世。
- **1910年** 首部《弗兰肯斯坦》电影问世，由J. 塞尔·道利（J. Searle Dawley）执导。
- **1931年** 电影翻拍，由波利斯·卡洛夫（Boris Karloff）扮演弗兰肯斯坦。

玛丽·雪莱是创作《女权辩护》的激进作者玛丽·沃斯通克拉夫特（Mary Wollstonecraft）与哲学家威廉·戈得温（William Godwin）的女儿。她在16岁时与已经成家的诗人珀西·比希·雪莱（Percy Bysshe Shelley）相识并相恋，两人私奔到欧洲躲避流言蜚语。

滑稽模仿

电影《弗兰肯斯坦》上映后，各种改编版本相继出现，最著名的作品包括《洛基恐怖秀》（*The Rocky Horror Picture Show*）、《科学怪狗》（*Frankenweenie*）和《新科学怪人》（*Young Frankenstein*）。

科学灵感

玛丽在塑造疯狂的科学怪人时，想到了路易吉·伽伐尼（Luigi Galvani）与乔瓦尼·阿尔迪尼（Giovanni Aldini）使用导电棒对被处决罪犯的尸体进行的"动物电能"实验。

女性之笔

人们起初以为《弗兰肯斯坦》是珀西·比希·雪莱所作，在发现这部惊悚作品出自女性之手后，便将它归类为"言情小说"。

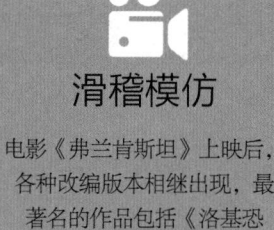

哥特式艺术

美术、建筑和文学作品都将哥特式风格融入浪漫主义。19世纪初，简·奥斯汀在《诺桑觉寺》中讽刺了这种做法，而玛丽·雪莱向世人展现了它的魅力。

500
《弗兰肯斯坦》小说首次印刷 500本

铁路时代

轮轨蒸汽机车带来运输领域的革命。数千英里铁轨将几乎所有英国城市、小镇和村庄连接起来，英国乡村面貌也因此改变。

时间线

- **1804年** 理查德·特雷维希克（Richard Trevithick）制造第一台轮轨蒸汽机车。
- **1812年** 蒸汽火车首次运输煤炭。
- **1825年** 乔治·史蒂芬逊（George Stephenson）在斯托克顿—达林顿铁路上试驾第一台客运蒸汽机车。
- **1829年** 乔治·史蒂芬逊研制出"火箭号"新机车，亲自驾驶参赛，赢得"雨山试车赛"（Rainhill Trials）。
- **1830年** 利物浦—曼彻斯特铁路建成，预示铁路建设的兴盛。
- **1836年** 伦敦第一条铁路连接伯蒙德塞与德普特福德。
- **1841年** 托马斯·库克（Thomas Cook）首次用火车运送游客。
- **1847年** 铁路系统采用格林尼治标准时间。
- **1837年** 第一条远程铁路伦敦—伯明翰铁路建成。
- **1863年** 第一条地下铁路在伦敦法灵顿街与主教路之间建成。
- **1892年** 铁路采用标准轨道。

试运行

历史上第一节客运车厢由"机车1号"牵引，在斯托克顿—达林顿铁路上试运行。

火车可在**数小时内**将易腐物品与新鲜食材安全送达各地。

铁路时刻表

远程铁路普及后，**各地时间也通过**计时系统**标准化**，以确保发车时间准确。

铁轨问题

如果**不止一家公司在城市间建设铁路**，各段轨道宽度（轨距）可能有所不同，导致同一火车无法跑完整条铁路，**车上乘客和货物必须换到另一列火车上**。

假期游览

1871年后，除圣诞节、耶稣受难日和星期日这些传统假日外，数百万英国人**还可以享受为期4天的带薪"银行假日"**（bank holidays）。搭乘火车到海边一日游成为一个不错的选择。

漫长的19世纪（1789—1914）

36	15000	24 MPH	650000	272
1825年9月27日，蒸汽机车牵引36节车厢	在雨山试车赛中有1.5万名观赛者	史蒂芬逊研制的"火箭号"最高时速为24英里/小时	15个月内，搭乘伦敦—格林尼治铁路火车的乘客多达65万人	英国国会在1846年颁布272条有关铁路法令

1833年《废奴法案》

太多商贩从奴隶贸易中获得暴利，不愿意放弃这门侵犯人权的生意，导致英国的废奴道路漫长而艰难。

时间线

- **1562年** 约翰·霍金斯（John Hawkins）首次起航到非洲进行奴隶贸易。
- **1772年** 法院规定，奴隶一旦进入英国就不可强行送回殖民地。
- **1790年** 第一个废奴草案未通过。
- **1792年** 第二个废奴草案未通过。
- **1794年** 法国废除奴隶制。
- **1804年** 奴隶在海地发动起义，建立首个非洲之外的黑人国家。
- **1807年** 奴隶贸易被禁止，但奴隶制仍然存在。
- **1833年** 《废奴法案》通过。

奴隶三角贸易

三角贸易的商船向来满载货物……

从英国到非洲
搭载奴隶，并运输纺织品和朗姆酒

从新世界到英国
运输糖、烟草和棉花

从非洲到新世界
运输奴隶

奥拉达·艾奎亚诺（1745—1797）

奥拉达·艾奎亚诺（Olaudah Equiano）被绑架到新世界后，**暗中设法为自己赎身**。他的故事震撼了伦敦社会。

格兰维尔·夏普（1735—1813）

格兰维尔·夏普（Granville Sharpe）在与一名遭主人毒打的奴隶成为朋友后，开始为从加勒比来到伦敦的奴隶争取自由。

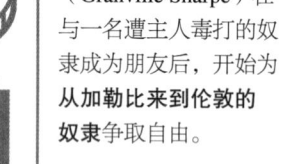

威廉·威伯福斯（1759—1833）

约克郡议员威廉·威伯福斯（William Wilberforce）在成为福音派基督徒后，与奴隶制做斗争长达18年。

伊丽莎白·海里克（1769—1831）

女性废奴主义先驱伊丽莎白·海里克（Elizabeth Heyrick）在英国莱斯特组织了一次反糖运动。

奴隶贸易相关数据

10000
从霍金斯首次出航到奴役贸易被废止的245年间，约1万航次商船将总共340万奴隶从非洲运往英国

1200万
约1200万奴隶由欧洲商船运往新世界

80000
在每年的奴隶贸易中，有8万奴隶是非洲人

42000
其中4.2万人由英国商船运输

"小猎犬号"的第二次航行

查尔斯·达尔文（Charles Darwin）忍受严重晕船的痛苦，坚持随同英国皇家海军测量船"小猎犬号"（HMS Beagle）完成了航行，改变了人们对世界的认知。

- **船只** 英国皇家测量船"小猎犬号"
- **任务** 环绕地球，测量经度
- **时间** 1831—1836年
- **船长** 罗伯特·菲茨罗伊（Robert Fitzroy）中尉
- **船员** 68人
- **博物学家** 查尔斯·达尔文，22岁

"小猎犬号"的航程

1839年，达尔文将自己的航行经历写成书出版。

1831年12月27日
"小猎犬号"从英国普利茅斯起航。

1832年
不知达尔文花了多长时间，爬上了圣地亚哥海拔45英尺高的**悬崖峭壁**上观察贝壳。

达尔文在巴塔哥尼亚**花数周时间收集化石**。

1833年
达尔文发现福兰克群岛（Falkland Island，即马尔维纳斯群岛）的化石

与先前发现的化石**不同**，于是开始猜测**植物与动物是否会为适应各类环境而发生变异**。

在蓬塔阿尔特（Punta Alt），他看到**一副嵌在岩石层中的骨架**，断定这种生物死于数千年前。

在穿越巴拉那河时，他**看到与欧洲动物相似的物种**，于是否定了上帝依照环境创造物种的理论。

1834年
达尔文**开始确信地球不断变化**，并非由上帝在某个瞬间完美创造。

1835年
达尔文在比亚维森西奥看到**海底火山喷发**出的岩浆堆积成海拔6000英尺高的岛屿，发现**地球的实际年龄比《圣经》所述大得多**。

1836年
达尔文发现**澳大利亚的物种有些怪异**，认为它们并非出生于相同地域。

10月2日，"小猎犬号"回到英国法尔茅斯。

达尔文的第二次航行装载了：

- 80种鸟类
- 20只四足兽
- 4桶皮毛与植物

雀类
达尔文对他在加拉帕戈斯群岛发现的各种雀类十分感兴趣，做了许多相关研究。

漫长的19世纪（1789—1914）

维多利亚女王的统治

因母亲的极端保护欲，维多利亚（Victoria）公主在与世隔绝的环境、严格的规范和礼仪束缚下成长，而她最终成为自己的主人，成为英国统治时间最长的君主之一。

- 出生　1819年5月24日
- 加冕女王　1838年6月28日
- 结婚　1840年2月10日，与萨克森-科堡-哥达的阿尔伯特王子（Albert of Saxe-Coburg and Gotha）结婚
- 丧偶　1861年12月14日
- 加冕印度女皇　1876年5月1日
- 去世　1901年1月22日

王室订婚

维多利亚女王**深深爱上了她的第一个表弟阿尔伯特**，于是向他求婚。

黑衣寡妇

在**阿尔伯特去世**后，维多利亚郁郁寡欢，曾一度离开伦敦隐居。她**换上黑色衣服**，时常需要朋友开导。这些朋友包括政治家**本杰明·迪斯雷利**（Benjamin Disraeli）、苏格兰吉利人**约翰·布朗**（John Brown）和**阿卜杜勒·卡里姆**（Abdul Karim），以及一位24岁的印度男仆。

克里米亚战争
（1853—1856）

1854年，英国和奥斯曼帝国、法国、撒丁王国组成同盟，在克里米亚半岛与俄罗斯展开**血腥战斗**，打击俄罗斯扩张的势头。

大英帝国

自16世纪伊丽莎白一世统治时起，大英帝国持续**扩张**。到**19世纪，世界上超过五分之一的土地和超过四分之一的人口都在英国控制之下**。

女王母亲

身为女王的维多利亚仍背负着生儿育女的责任。**她一生共生下9个孩子**，多数与欧洲强大的王室联姻。

维多利亚去世前，共有**37**个孙子女。

查尔斯·狄更斯再颂圣诞

乔治王时代，中世纪盛大的狂欢节假日——圣诞节，被缩减为一天，通常只有"村夫野老"才有闲情庆祝这个日子。生活潦倒的查尔斯·狄更斯（Charles Dickens）无暇享受任何节日。迫于生计，他用短短6个星期创作出了自己的"小颂歌"。没想到，这部作品永远改变了英国甚至全世界的"吝啬鬼"。

喜庆事件

- 1840年 维多利亚女王与阿尔伯特亲王结婚
- 1843年 小说《圣诞颂歌》（A Christmas Carol）在圣诞前一周出版
- 1843年 世界上第一张圣诞贺卡出现
- 1848年 《伦敦新闻画报》刊登了一幅描绘维多利亚女王一家围绕圣诞树场景的画
- 1848年 汤姆·史密斯（Tom Smith）制作圣诞拉炮
- 19世纪40年代 铁路货运逐渐完善，火鸡价格随之降低

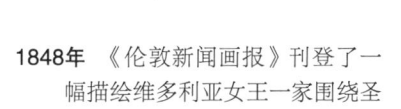

漫长的19世纪（1789—1914）

创作低潮

1843年，"国际著名作家"狄更斯债台高筑，家里第5个孩子即将出生。迫于经济压力，他决定放手一搏。

6000
《圣诞颂歌》数日内销售6000本

5
该小说最初售价为5先令

圣诞精灵

狄更斯想用一种更加诙谐的方式在书中**突出自己平日所见的贫困景象**，于是将当时流行且历史悠久的冬季传统节日元素融入**鬼故事**之中，创作出小说《圣诞颂歌》。

全新庆祝方式

大多数人当时**从未听闻**狄更斯在书中描述的**怀旧庆祝方式**。工业革命后，圣诞节原来的12天假期被取消，**假期传统也只是勉强保留下来**。读者们纷纷爱上了狄更斯描绘的景象，并选择将它们变为现实。

万国博览会

1851年，维多利亚女王与阿尔伯特亲王促成了这一展现大英帝国繁荣的盛事，向全世界展示了英国的大好发展前景。

- **时间** 1851年5月1日—10月11日
- **地点** 伦敦海德公园
- **参观者** 超过600万人，包括贵族与工人
- **入场费** 男士3英镑，女士2英镑；自5月24日起，入场费降为每人1先令
- **利润** 18.6万英镑（今2550万英镑/3320万美元）
- **成果** 盛会所得利润用来建造了南肯辛顿文化区"阿尔伯特城"

盛会由来

在工业革命后，英国的强大史无前例，**在世界许多地区处于支配地位**。阿尔伯特希望以此**庆祝太平盛世**。

水晶宫

举办盛会的水晶宫由**约瑟夫·帕克斯顿**（Joseph Paxton）**设计**，由福克斯与亨德森公司（Fox & Henderson）用铁和玻璃建造。其外观是一座类似温室的巨大玻璃房，桶形拱顶**经改造后，可容纳场地原有的3棵榆树**。

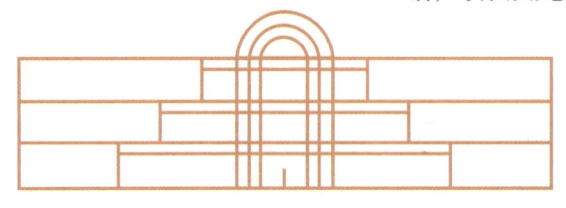

水晶宫再利用

展览结束后，**水晶宫被拆解移到伦敦南部锡德纳姆**（Sydenham）**重新搭建**，一直受到大众喜爱，直到1936年毁于大火。

展览

博览会展出来自世界各地的工程技术、科学技术和美术工艺品（主要来自各大帝国），包括：

- **一架折叠钢琴**
- 早期自行车
- **一个象牙宝座**
- 一尊美国鹰（白头海雕）雕像
- **一台收割机**
- 法国塞勒夫陶器
- **附带80刃的小刀**
- 哥萨克铠甲
- **瑞士手表**
- "光之山"巨钻
- **喝茶的小绒猫**
- 汽锤

水晶宫相关数据

1848 英尺长	**2** 座高塔	至1850年12月，工程共使用约 **2000** 名建筑工人	**1000** 根铁柱	**4000** 吨铁	**90万** 平方英尺玻璃
408 英尺高					

为什么要学点历史

美国内战

七个实行奴隶制的南部联盟州认为林肯将会终结奴隶制，于是相继退出联邦，并引发了一系列毁灭性战争。

时间 1861—1865年

地点 南北之间的"州界"

参战方 北部联邦州对战南部邦联州

结果 重新形成联邦；奴隶制被废除

时间线

1860年
11月6日 林肯当选总统。

12月20日 南卡罗来纳州成为最先退出联邦的州。

1861年
1月/2月 南部其余六州相继退出联邦。

3月4日 林肯呼吁和平，并告诫各州不可分离。

4月12日 第一场内战在萨姆特堡（Fort Sumter）打响。

4月/5月 弗吉尼亚州、阿肯色州、田纳西州和北卡罗来纳州退出联邦。

7月21日 第一次重大战役——马纳萨斯战役（也称奔牛河战役）打响。

1863年
1月1日 《解放宣言》正式实施，所有奴隶得到解放。

7月1—3日 葛底斯堡战役打响；罗伯特·E. 李（Robert E. Lee）将军率领南军入侵宾夕法尼亚州，被击败。

7月4日 尤利西斯·S. 格兰特（Ulysses S. Grant）将军在维克斯堡攻城战中击败南军，将南军分割成两部分。

11月19日 林肯发表《葛底斯堡演说》，呼吁各州团结。

1864年
9月2日 北军攻下南部联盟要地亚特兰大。

1865年
4月9日 罗伯特·E. 李将军在阿波马托克斯法院投降。

12月18日 美国宪法第十三条修正案通过，彻底废除奴隶制。

内战起因

北部各州认为退出联邦的行为违反宪法。林肯致力于**全民（包括奴隶）解放**，他将维护美利坚联邦视为神圣的事业，不惜在必要时动用武装力量。

技术

南北双方都**充分利用了当时的最新技术手段**，包括铁甲、潜艇、电报、电路、高科技矿、热气球、细菌战与摄影。

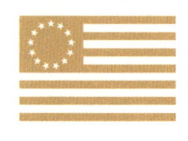

62万
约有62万人死于美国内战

漫长的19世纪（1789—1914）

亚伯拉罕·林肯

1861—1865年，美国发生内战（南北战争），亚伯拉罕·林肯（Abraham Lincoln）领导的北部联邦获得了最终胜利，同时引发了南部许多民众对他的怨恨。他是历史上第一位遇刺的美国总统。

时间线

- **3月**
  约翰·威尔克斯·布斯（John Wilkes Booth）开始密谋暗杀林肯。

- **4月14日** 林肯在华盛顿特区福特剧院被枪击。

  身受重伤的林肯由随行人员带到附近一所房屋。布斯和同谋大卫·赫罗德（David Herold）逃往马里兰州。

- **4月15日** 林肯总统在上午7:22去世。布斯在逃跑时摔断左腿，只能中途求医，给腿绑上夹板。

- **4月26日** 布斯与赫罗德被发现。布斯被击毙，赫罗德被捕。

- **5月4日** 林肯遗体安葬。

- **7月7日** 参与暗杀的4名同谋被处以绞刑。

亚伯拉罕·林肯

亚伯拉罕·林肯出生于1809年2月12日，在1861年当选为美国第16任总统。他**深知民众疾苦**，并为此愤愤不平。他**强烈提倡废除奴隶制**，并警告持反对意见的南部各州：**退出美利坚联邦会引发内战**。1864年，北部联邦取得内战胜利，林肯再次当选总统。林肯**试图与南部民众和平共处**，而某些南部极端分子却无法接受这位总统。

约翰·威尔克斯·布斯

约翰·威尔克斯·布斯是一位**著名演员**。他深信林肯的主张与南部各州的利益相互冲突，并**以为暗杀总统是英雄之举**，而事实并非如此。

《我们的美国亲戚》
（*Our American Cousin*）

约翰·威尔克斯·布斯**知道这部当时最热喜剧中的所有笑点**，他选择在台下观众**笑声最响亮的时刻**开枪，以此掩盖枪声。

横贯大陆铁路

在淘金热推动下,"西进运动"在19世纪60年代达到顶峰。两家铁路公司在相互竞速中共同完成了美国第一条横贯大陆铁路。

时间线

- **1830年** 美国第一台蒸汽机车出现。
- **1845年** 阿萨·惠特尼(Asa Whitney)向国会提议投资修建一条东西向的横贯大陆铁路,被否决。
- **1849年** 淘金热致使大量人口向西迁移。
- **1860年** 工程师西奥多·朱达(Theodore Judah)提议将唐纳山口(Donner Pass)作为穿越内华达山脉的隧道东端。
- **1861年** 中央太平洋铁路公司成立。
- **1862年** 《太平洋铁路法案》颁布,将贯穿北美大陆的东西向铁路承包给中央太平洋铁路公司与联合太平洋铁路公司修建。
- **1863年** 两家公司均已动工,但联合太平洋公司因内战而暂停施工,战后才重新开工。
- **1869年** 5月10日,两段铁路在犹他州接通。

竞赛

《太平洋铁路法案》规定,**中央太平洋铁路公司**承包的铁路段起自加利福尼亚州萨克拉曼多,穿越内华达山脉向东延伸;其对手**联合太平洋铁路公司**承包的铁路段从密苏里河向西延伸。但是,法案没有明确规定两段铁路的相接地点。

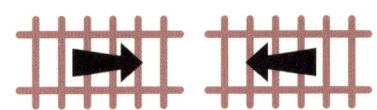

为推动施工进程,**政府承诺:每完成1英里轨道,企业即可获得6400英亩土地与4.8万美元的政府债券(今约100万美元)**。两家公司为加快施工,不惜偷工减料,甚至违反安全标准。

抵制

铁路的修建影响了部分**美国原住民**,尤其是苏族(Sioux)、夏安族(Cheyenne)和阿拉帕霍族(Arapaho)的生活,感到不满的原住民开始**破坏铁路工程**。

劳动力

两家公司均紧缺劳动力。**在西部,约1.4万名中国工人被雇佣;东部劳工多数是爱尔兰移民。**

向西之路

在铁路建成前,向西远行的旅客不得不**翻山越岭、蹚水过河,乘船绕过合恩角**(Cape Horn),或**穿越巴拿马地峡**。

从东到西的路费

1000美元
1869年前
(今1.8万美元)

150美元
1869年后
(今2800美元)

9000
1850年,从密苏里河向东延伸的铁路已长达9000英里,更远处仍是一片荒芜。

漫长的19世纪(1789—1914)

路易·巴斯德与细菌之战

路易·巴斯德（Louis Pasteur）在十几岁时就热衷于化学研究，他的三个孩子的病逝使他下定决心与疾病做斗争。

时间线

- 1822年12月27日 巴斯德在法国多勒（Dole）出生。
- 1847年 获得博士学位。
- 1849年 结婚并有了5个孩子，其中3个孩子因患伤寒病逝。
- 1862年 发明巴氏灭菌法。
- 1885年 成功研发狂犬病疫苗。
- 1888年 成立巴斯德研究所。
- 1895年9月28日 在法国马尔讷拉科凯特（Marnes-la-Coquette）去世。

为什么要学点历史

细菌说

在巴斯德提出细菌说之前，人们就知道细菌存在，但认为它们是自发出现的。而**巴斯德证明细菌或"病菌"是一种微小的有机体（微生物），来自其他生物**。

除病

巴斯德发现蚕的一种疾病由细菌导致。**通过根除这种蚕病，巴斯德拯救了法国的丝绸业**。他开始猜测细菌是否为人类疾病的根源。

灭菌

巴斯德开始**观察霉菌和病菌对葡萄酒、牛奶等易腐食品的发酵作用**。他发现多数细菌**不耐高温**，于是发明了现今被称为**"巴氏灭菌法"**的除菌流程。

医用消毒

得益于巴斯德的发现，其后**手术器械均经过沸水消毒**，从而大大降低了手术死亡率。

疫苗接种

巴斯德认为，给健康的动物注射一种毒性较弱的病菌会使其产生抗体，从而对某种疾病产生免疫力。

1881年5月5日，巴斯德给24只健康的绵羊、1只山羊和6头奶牛接种了炭疽疫苗，与另一组相同数量但未接种疫苗的牛羊对照。

5月31日，巴斯德使用炭疽杆菌攻击这些牛羊。两天后，对照组的牛羊死亡或濒死，接种疫苗的实验组全部存活。

巴斯德将疫苗用于人体，**成功治愈了被疯狗咬伤的9岁男孩约瑟夫·梅斯特（Joseph Meister）**。

巴斯德的"巴氏灭菌法"至今仍被广泛应用，疫苗也一直拯救着数百万人的生命。

卡尔·马克思

马克思（Karl Marx）是公认的"科学共产主义的奠基人"，他提出的理论在20世纪被许多国家用于实践。

时间线

- 1818年 马克思在德国特里尔（Trier）出生。
- 1835年 开始攻读法律。
- 1841年 在耶拿大学取得博士学位。
- 1843年 移居巴黎，成为革命社会主义者。
- 1844年 开始与弗里德里希·恩格斯合作。
- 1848年 与恩格斯共同发表《共产党宣言》。
- 1849年 移居伦敦。
- 1867年 完成并出版《资本论》。
- 1883年 去世，被安葬于海格特公墓。

马克思的父亲深受启蒙运动影响，为逃避反犹太主义迫害改信天主教。虽然如此，马克思依然因犹太人身份遭受偏见和歧视。他**深知资本主义制度对工人阶级的压迫与剥削，因此向往并倡导公正的社会主义**。

马克思的主要影响者

格奥尔格·黑格尔
（Georg Hegel，1770—1831）

黑格尔认为历史是线性演进的，而**历史的终点便是无限的自由**。

路德维希·费尔巴哈
（Ludwig Feuerbach，1804—1872）

费尔巴哈认为宗教是人类知觉的某种无限性认识，也就是说，上帝不过是人类本性的向外投射。

弗里德里希·恩格斯
（Friedrich Engels，1820—1895）

恩格斯与马克思联合发表了《共产党宣言》。在好友马克思去世后，恩格斯**修订出版了《资本论》第2版和第3版**。

漫长的19世纪（1789—1914）

共产主义

马克思认为，阶级斗争的必然结果是**私有制终结**，这将**改变人的本性**，从而使个人与集体建立起协调关系，由**集体提供与分配**所有的商品与服务。

1896年夏季奥运会

1894年，在皮埃尔·德·顾拜旦（Pierre de Coubertin）男爵的倡导下，国际奥林匹克委员会创立，并确定在古代奥林匹克运动会的发祥地雅典举办一场盛大的运动会。

日期 1896年4月6—15日
地点 希腊雅典
参与国家数 14
项目数 43
结果 取得巨大成功，并规定奥运会每四年举办一次

241 男性运动员
0 女性运动员
0 残疾运动员
6万 第一天到场观众
10万 第二天到场观众

古代奥运会

据信，最早一届奥运会是在公元前776年举行，只有一个项目——赛跑，参赛者是希腊城邦或殖民地的青年。比赛项目逐年增加，直到公元393年奥运会被废止。赢得比赛的运动员会获得橄榄枝和国家级荣誉。在现代奥运会中，优胜者也会被授予橄榄枝，还有奖牌。

帕那辛纳克体育场
（Panathenaic Stadium）

这座古老的体育场最初**建于公元前330年，后以白色大理石重建**。

第一位冠军

美国选手**詹姆斯·康诺利（James Connolly）取得首个比赛项目三级跳远的金牌**，成为现代奥运会的第一位冠军。

游泳

匈牙利选手阿尔弗雷德·哈约什（Alfréd Hajós）取得了100米自由泳金牌。在1200米自由泳比赛中，参赛者均先乘船离岸一段距离，**再游回岸边**。阿尔弗雷德·哈约什同样以最佳成绩赢得金牌。

马拉松

新加入的马拉松比赛**遵循古希腊"飞毛腿"菲迪皮德斯（Pheidippides）跑过的路线**。公元前490年，古希腊在马拉松战场取胜，菲迪皮德斯一路奔跑，将胜利的消息带回雅典。因此，马拉松对希腊人来说有非凡的意义。**在现代马拉松比赛中，希腊选手斯皮里宗·路易斯（Spyridon Louis）赢得冠军。**

比赛项目

- 田径 • 骑行 • 游泳
- 剑术 • 摔跤 • 射击
- 网球

奖牌榜

美国 11枚金牌
希腊 10枚金牌
德国 6枚金牌

为什么要学点历史

86

幕府时代终结

皇子睦仁14岁成为第122任日本天皇，标志着200年来奉行孤立主义的德川幕府时代终结。

时间线

1192年 日本天皇任命武将源赖朝为"征夷大将军"。

1333年 足利尊氏攻下皇城京都，并创立第二个武家政权室町幕府。

1603年 德川家康夺得政权，在江户建立德川幕府。

1853年 美国海军准将马修·佩里（Matthew Perry）率军舰与1500名美军来到江户湾，胁迫日本与美国进行贸易。英国、俄罗斯和法国也相继效仿，与日本签订了一系列不平等条约。

1867年 皇子睦仁成为日本明治天皇。

1868年 戊辰战争爆发，幕府军队失败，幕府体制被废除。明治天皇迁往京都，并将其改名为"东京"。

背景

武士即日本的战士，原为地方领主雇佣的进行自卫的武装力量，后取得胜利的领主将其**最佳武将**任命为**"幕府将军"**。

这种武装逐渐形成一种制度化的专业军事组织，其领主象征性地统治一个地域。但是，政权仍不时在封建领主之间易手，直到德川家康统一王国。

锁国

德川幕府畏惧欧洲殖民统治，因此奉行**"闭关锁国"**的孤立主义政策。

制定宪章

明治天皇改革终结了日本的封建制度，并开始**吸收欧洲国家的思想**。于是，日本有了自己的宪法，并开始组建军队，旨在变成东方强国。

漫长的19世纪（1789—1914）

明治天皇

新朝改元明治，意为**"开明治国"**。

黄石国家公园

19世纪，美国曾颁布政策规定，人们新"发现"的公共土地具有私有产权。但是，美国国会意识到，有些宝贵的自然景观应当免于人为开发，黄石公园为此永远留存了下来。

时间线

- **1870年前** 美国原住民在黄石居住了至少1.1万年。
- **1870年** 探险者在黄石勘察时，被其大气磅礴的自然之美震惊。
- **1871年** 根据1864年《约塞米蒂法案》制定的一项法案，保留约塞米蒂山谷的民居，将该地划为州立公园。
- **1872年** 美国总统尤利西斯·S.格兰特签字通过《黄石国家公园保护法案》。
- **1891年** 《森林保护法》颁布，以保护国家自然资源。
- **1916年** 美国国家公园管理局成立。
- **1918年** 黄石公园有了首批公园巡护员。

申请困难

黄石地区十分宽广，许多美国东部民众甚至从未听过这个地方，**它有何值得保护的特别之处呢？**

眼见为实

摄影师威廉·亨利·杰克逊（William Henry Jackson）拍摄的照片，以及艺术家托马斯·莫兰（Thomas Moran）和亨利·埃利奥特（Henry Elliott）的绘画作品证明了黄石的宏伟壮丽，**引发公众的兴趣。**

特例

黄石无法划为州立公园，因为该地**跨越蒙大拿州、怀俄明州和爱达荷州三个地区**。于是，美国国会提出了一个大胆而新颖的方案——成立**国家公园**。

1872年颁布的《黄石国家公园保护法案》禁止人们居住、占用或出售规定区域内的任何土地，并将其划为公共区域。

58
美国现在共有58座国家公园

又一座公园

在1832年被划为保留地的**阿肯色州天然温泉**是美国历史最悠久的国家级保护区，该地在1921年成为国家公园。

电灯发明

托马斯·爱迪生（Thomas Edison）被誉为电灯发明者，实际上他是在另外几位发明家相关研究的基础上加以改进，研发出适用于所有家庭的照明设备，并率先取得了专利。

时间线

- **1802年** 英国科学家汉弗莱·戴维（Humphry Davy，1778—1829）发明电弧灯，即史上第一种电灯。

- **1840年** 英国科学家沃伦·德拉鲁（Warren De la Rue，1815—1889）给真空管中的盘绕灯丝通电。

- **1850年** 英国科学家约瑟夫·威尔逊·斯旺（Joseph Wilson Swan，1828—1914）制造出"灯泡"。

- **1874年** 加拿大电工亨利·伍德沃德（Henry Woodward）和马修·埃文斯（Matthew Evans）申请"电灯"专利，但未成功。

- **1878年** 托马斯·爱迪生买下这项专利，并着手研究实用电灯。

- **1880年** 爱迪生电灯公司推出首款商用白炽灯。

- **1904年** 钨丝问世。

- **1939年** 纽约世界博览会展示荧光灯。

位于**盖茨黑德郊区**的**约瑟夫·斯旺**住所是**第一个用电灯照明的私人住所**

1881年，伦敦萨沃伊（Savoy）酒店成为第一个安装电灯的酒店

托马斯·爱迪生在美国注册了**1093**项专利

1879年，爱迪生的电灯仅能持续照明**13.5**小时

1880年，爱迪生改良的碳化竹丝电灯可持续照明**1200**小时

漫长的19世纪（1789—1914）

巴黎美好年代

就像英国维多利亚和爱德华时代与美国"镀金时代"一样,法国在1871年迎来了自己的"美好年代",并延续至1914年第一次世界大战才结束。

时间线

- **1870—1871年** 普法战争导致法兰西第二帝国垮台。
- **1871年** 巴黎公社起义,市内大多数地区被烧毁。
- **1871年5月** 法兰西第三共和国宣告成立。
- **1872年** 圣心大教堂动工修建。
- **1874年** 印象派画作首次展出。
- **1875年** 巴黎歌剧院落成。
- **1881年** 黑猫夜总会在蒙马特开业。
- **1889年** 埃菲尔铁塔建成。
- **1895年** 法国蓝带厨艺学院成立。
- **1895年** 卢米埃尔兄弟用活动电影机播放他们制作的第一部电影。
- **1898年** 路易·雷诺(Louis Renault)制造他的第一辆汽车。
- **1900年** 夏季奥运会在巴黎举行。
- **1903年** 玛丽·居里(Marie Curie)和丈夫皮埃尔·居里(Pierre Curie)因对于放射性物质的研究而共同获得诺贝尔奖。
- **1909年** 路易·布莱里奥(Louis Bleriot)驾驶飞机跨越英吉利海峡。
- **1913年** 伊戈尔·斯特拉文斯基(Igor Stravinsky)的《春之祭》首演。

艺术

巴黎涌现出大批尝试新技法的艺术家,包括**印象派画家奥古斯特·雷诺阿**(Auguste Renoir)**和克洛德·莫奈**(Claude Monet)、**野兽派画家亨利·马蒂斯**(Henri Matisse)、**立体派画家巴勃罗·毕加索**(Pablo Picasso),以及颇具影响力的**雕塑家奥古斯特·罗丹**(August Rodin)。

建筑与设计

巴黎开始拥有线条蜿蜒曲折的新式风格**建筑与艺术品**,包括**贝朗榭公寓**、**巴黎地铁**,以及美术设计师阿尔丰斯·穆夏(Alphonse Mucha)和**玻璃设计师勒内·拉利克**(René Lalique)的作品。

音乐与文学

居斯塔夫·福楼拜(Gustave Flaubert)、**居伊·德·莫泊桑**(Guy de Maupassant)、**埃米尔·左拉**(Émile Zola)和马塞尔·普鲁斯特(Marcel Proust)等作家,以及**克劳德·德彪西**(Claude Debussy)、**乔治·比才**(Georges Bizet)等作曲家争奇斗艳。比才的代表歌剧《卡门》挑战了世俗道德与法律,因此饱受批判。

政治动乱

普法战争后,德国夺得阿尔萨斯和洛林地区,法国民族主义者一直耿耿于怀,于是引发**一系列无政府状态的暴乱**——"美好年代"其实并非一直那么美好。

芝加哥世博会

19世纪90年代，美国正值黄金时期——商业蒸蒸日上，铁路设施日渐完善，全国经济蓬勃发展。虽然每个城市都想举办世界博览会，但都不如芝加哥那样志在必得。

- **时间** 1893年
- **地点** 芝加哥杰克逊公园（Jackson Park）
- **官方名称** 哥伦布纪念世界博览会（The World's Columbian Exposition）
- **纪念事件** 哥伦布发现美洲大陆400周年
- **总建筑师** 丹尼尔·H.伯纳姆（Daniel H. Burnham）

从格罗弗·克利夫兰总统（Grover Cleveland）按下按钮，启动发电机照亮公园的那一刻起，芝加哥世博会便惊艳四座。会上展示了**19世纪90年代的所有新奇事物**。

参观者穿过灯火通明的街道，融入狂欢声、欢快的音乐与拥挤的人群中，一睹**新发明、表演与新兴艺术和文化**的风采。博览会展出的许多珍贵展品成为20世纪美国经典之作。

白城展区

面对光彩夺目的伦敦水晶宫与巴黎埃菲尔铁塔，芝加哥世博会也拿出了重头戏——**由新古典主义展厅组成的"白城"（White City）**。

盛会阴暗面

连环杀手赫尔曼·穆吉特（Herman Mudgett，又名H. H.福尔摩斯博士）利用盛会的喧闹掩盖自己的谋杀行径。

世博会新奇事物

- 活动电影机
- 街灯
- 碳酸饮料
- 洗碗机
- 异国音乐
- 多汁水果口香糖
- 拉链
- 摩天轮
- 芭蕾舞者
- 骆驼
- 麦片

芝加哥世博会向全世界证明，**美国从未落后**；更重要的是，它向美国人证明他们的祖国正走在认知世界的前沿。

漫长的19世纪（1789—1914）

芝加哥世博会相关数据

1000万美元 为举办世博会，芝加哥拨款1000万美元作为担保

25美分 入场费

686英亩 场地面积

14 14座学院派风格著名建筑

6.5万 展品数量

7000 餐位数量

60英尺 古典建筑统一高度

2700万~2800万 观众人数

100万美元 利润

25% 约25%的美国人参观了芝加哥世博会

德雷福斯事件

19世纪，一个看似规模不大的司法冤案，掀起了法国的反犹太浪潮，留下的影响一直至20世纪。

德雷福斯单人牢房面积为**13英尺×13英尺**

时间线

- **1894年** 法国少校费迪南·瓦尔桑·埃斯特哈齐（Ferdinand Walsin Esterhazy）开始向德国出卖军事机密。

- **1895年** 阿尔弗雷德·德雷福斯（Alfred Dreyfus）上尉因叛国罪被判处无期徒刑，监禁在法属圭亚那的恶魔岛（Devil's Island）。

- **1896年** 证据表明埃斯特哈齐才是真正的叛徒，他被军事法庭判罪后逃离法国。

- **1898年** 著名作家埃米尔·左拉在《震旦报》上发表公开信《我控诉》，指责法国政府隐瞒事实。

- **1899年** 军事法庭重审德雷福斯案件，依然判其有罪，但刑期减为10年。因公众的愤怒指责与声讨，法国总统特赦了德雷福斯。

- **1906年** 德雷福斯被判无罪，得到平反，并被授予荣誉军团勋章。

- **1995年** 法国军方宣布德雷福斯无罪。

冤案真相

法国情报院截获消息，发现**间谍在自己人当中**。埃斯特哈齐与一名同谋者**伪造文件进行诬陷**，于是嫌疑落到35岁的来自阿尔萨斯，母语为德语的**阿尔弗雷德·德雷福斯上尉**身上。反犹太主义者加以操弄，坐实了他的罪名。

媒体审判

德雷福斯事件是当年媒体最早制造的国际社会公共事件，双方均利用报纸作为武器：反犹日报《自由言论》对抗支持德雷福斯的《震旦报》。

公众分为两派，分别是"德雷福斯护卫派"和"反德雷福斯派"。50多个城镇发生反犹太人的骚乱，而德雷福斯护卫派扬言联合抵制即将在巴黎举行的世博会。

革职之辱

德雷福斯在被关押在恶魔岛前，被拉去游街示众，公开革职。

阴云之下

这桩冤案并没有随着时间流逝而淡出人们的视野。德雷福斯在**1935年去世**，5年后他的妻子还不得不四处躲避国内外的追捕。他们的**孙女**后来被纳粹送到奥斯威辛集中营。

娜丽·布莱的环球之旅

儒勒·凡尔纳（Jules Verne）的虚构人物斐利亚·福克（Phileas Fogg）用80天环游地球一周。1889年，受雇于竞争对手出版物的两名女性轻而易举地打破了书本中的这项纪录。

时间线

1889年11月14日，上午9:40

伊丽莎白·比斯兰德（Elizabeth Bisland）乘火车从纽约向西出发。

1890年1月30日

伊丽莎白·比斯兰德在布莱完成环游世界后的第4天回到纽约，但仍然打破了福克的纪录。

娜丽·布莱（Nellie Bly）乘轮船从纽约向东出发。

1890年1月25日，下午3:51

布莱回到新泽西。

娜丽·布莱是伊丽莎白·科克伦（Elizabeth Cochran）的笔名，她是美国早期的调查记者之一。她曾在一家血汗工厂和纽约臭名昭著的布莱克韦尔岛（Blackwell Island）上的精神病院进行隐秘采访，揭露了社会的诸多阴暗面，包括不公正的离婚法规，甚至墨西哥的政治腐败事件。

作秀

布莱很喜欢儒勒·凡尔纳在1873年发表的小说《八十天环游地球》，因此向雇主《纽约世界报》的**编辑自荐，尝试打破小说中的纪录**。同行出版物《大都会》不甘示弱，马上招募了无畏的探险家**伊丽莎白·比斯兰德，从另一个方向出发环游世界**。

回归

《纽约世界报》为博取热度，让读者竞猜布莱的回归时间。**布莱则通过电报简短汇报自己的行程。**

心机

《纽约世界报》租了一辆从旧金山直达芝加哥的速度破纪录的火车——"娜丽·布莱女士特别号"，送她回家。据称，《大都会》为比斯兰德找了一艘轮船，但她没有搭乘。

漫长的19世纪（1789—1914）

布莱的行李

- 一件大衣
- 内衣
- 化妆品
- 价值200英镑的黄金和美钞，放在挂脖小包里

相关作品

伊丽莎白·比斯兰德《环球飞行》
1891年出版

娜丽·布莱《七十二天环游世界》
1890年出版

布莱环游地球一周用时

72天6小时11分14秒

总里程**24899**英里

汽车发明

很久以前，自动马车的概念已经成为人们的设想，甚至达·芬奇也曾提出过类似构想。许多发明者已经把想象变为现实，但无人拿到这项发明的独家专利。

早期灵感

- 螺旋弹簧
- 钟表装置
- 风车
- 气泵
- 真空装置
- 蒸汽
- 燃气

蒸汽
1769年

法国人尼古拉·约瑟夫·居纽（Nicolas-Joseph Cugnot）制造了一辆速度为2.25英里/小时的**蒸汽三轮车**。蒸汽广泛用于18—19世纪，人们甚至发明了轻型私人蒸汽车，但**整体车身过于笨重**。

汽油

内燃发动机利用燃料燃烧产生动力，来推动活塞或其他活动部件。和其他汽车组件一样，它的**发展较慢**。**让·约瑟夫·埃蒂安·莱诺瓦（Jean Joseph Étienne Lenoir）在1860年率先获得专利**，在1863年制造出第一辆用汽油驱动的三轮车。

卡尔·本茨（Karl Benz）在1885年发明了第一辆三轮汽车。德国同行戈特利布·戴姆勒（Gottlieb Daimler）在1886年发明第一辆四轮汽车。

戴姆勒汽车公司在1901年制造的梅赛德斯（Mercedes）车型是第一辆被公认的现代汽车。同年，兰塞姆·E.奥兹（Ransom E. Olds）在美国生产出第一批量产的**敞篷汽车奥兹莫比（Oldsmobile）**，卖价略低，为650美元（今19200美元/14700英镑）。

1908年，亨利·福特推出了T型车。这种车不出彩，不舒服，速度一般，只有黑色款，但很**实惠**。1925年，得益于工厂的高效生产线，福特将汽车卖价从850美元（今23200美元/17800英镑）降至300美元（今4300美元/3300英镑）以下。

1500万+
1913—1927年，福特共生产超过1500万辆T型车

梅赛德斯
最高时速53英里/小时
35马力
4气缸

奥兹莫比
最高时速20英里/小时
3马力
1气缸

数百家公司开始设计车辆，试图将梅赛德斯的效能与奥兹莫比的售价进行完美的结合与平衡

审判奥斯卡·王尔德

奥斯卡·王尔德（Oscar Wilde）面对审判，即使全世界将这段"不敢说出名字的爱恋"视为"严重猥亵"，他还是认为自己能够打赢这场诽谤官司。

1891年，著名的爱尔兰诗人和剧作家奥斯卡·王尔德与年仅16岁的侯爵公子阿尔弗莱德·道格拉斯（Alfred Douglas）相遇并相恋。道格拉斯的父亲是性格暴虐的昆斯伯里（Queensberry）侯爵，他强烈反对儿子与王尔德的私密关系。

不幸的1895年

1895年2月18日 王尔德在其常去的俱乐部收到一张纸条，上面写着"装腔作势的鸡奸者"。他没有听取朋友的劝阻，执意以诽谤罪起诉侯爵。

4月3日 审判开始。侯爵雇佣私人侦探调查案情。

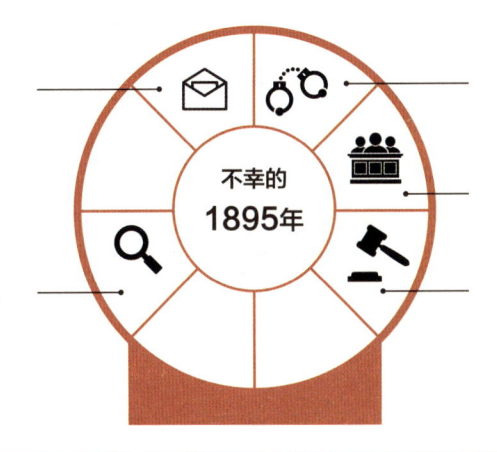

4月6日 王尔德因"猥亵行为"被捕。

4月26日 在拥挤的法庭上，王尔德拒绝认罪。

5月25日 王尔德被定罪，处以2年有期徒刑。

王尔德住过的监狱

王尔德先是被关押于**新门监狱**，又先后被转押至**本顿维尔监狱**（Pentonville）和**旺兹沃斯监狱**（Wandsworth），最后在**雷丁监狱**（Reading Gaol）服刑。

艰苦劳役

王尔德忍受着**痢疾**与营养不良的折磨，每天踩数小时踏车或拆开绳索。

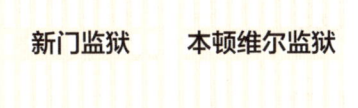

新门监狱　本顿维尔监狱

旺兹沃斯监狱　雷丁监狱

可悲的自由

王尔德在1897年获释，心情抑郁，身体状况不佳，并且一边耳膜穿孔。1900年，王尔德病逝。

绝笔

王尔德在法国期间完成《雷丁监狱之歌》，描述一名囚犯在牢狱中生不如死的经历。

漫长的19世纪（1789—1914）

莱特兄弟的首次飞行

1903年，威尔伯·莱特（Wilbur Wright）和奥维尔·莱特（Orville Wright）首次成功驾驶比空气重，靠自身动力起飞，持续受控的飞行器。

- **时间** 1903年12月17日
- **地点** 北卡罗来纳州基蒂霍克村（Kitty Hawk）
- **发明** 莱特飞行器
- **类型** 双翼飞机
- **重量** 625磅（加上飞行员共750磅）

莱特兄弟

美国俄亥俄州代顿的莱特兄弟首先成功设计出滑翔机。由于尚无企业能够提供适用的发动机，他们便自己制造了一台。

莱特飞行器

三项特定控制

翘曲机翼控制滚转，方向舵控制航向，升降舵控制俯仰。

1个机翼稍短，以抵消发动机的重量

12马力

4次试飞

大路口铁路

兄弟俩在轮式手推车上搭设了一条60英尺高的弹射滑轨。

兄弟俩以掷硬币的方式决定谁先登机。

3.5秒	12秒	12秒	15秒	59秒
第1次起飞	第2次起飞	第3次起飞	第4次起飞	第5次起飞
12月14日	12月17日	12月17日	12月17日	12月17日
威尔伯持续飞行	奥维尔飞行较平稳，持续12秒	威尔伯持续飞行相近时间	奥维尔持续飞行	威尔伯持续飞行
3.5秒	平稳，持续12秒	相近时间	15秒	59秒

女性参政权

英国约克郡的大提琴家玛丽·史密斯（Mary Smith）认为每个纳税人都应该享有投票权。1832年，亨利·亨特（Henry Hunt）代表她向英国议会提交了女性参政请愿书。她的请愿未成功，但引发了社会深思。

时间线

- **1897年** 全国妇女选举权联盟（The National Union of Women's Suffrage Societies）成立。

- **1903年** 妇女社会政治联盟（The Women's Social and Political Union）成立。

- **1907年** 闯入国会大厦的76名争取女性参政权激进者被捕。

- **1908年** 25万抗议者在伦敦参加"妇女星期日"大规模示威活动。

- **1909年** 玛丽昂·华莱士·邓洛普（Marion Wallace Dunlop）在狱中以绝食抗议，其他女囚纷纷效仿。同年，这些女囚被强迫进食。

- **1910年** 关于女性参政的草案通过，但未成功成为法规，妇女社会政治联盟运动也遭到无情镇压。

- **1911年** 艾米丽·维尔丁·戴维森（Emily Wilding Davison，1872—1913）在人口普查日当夜藏在国会大厦的橱柜中。

两个团体

两个主要团体争取女性参政权。其中，"妇女政权论者"（suffragist）米利森特·福塞特（Millicent Fawcett，1847—1929）领导的全国妇女选举权联盟以非暴力方式，争取让所有名下拥有财产的中产阶级妇女享有投票权。

"妇女参政论者"（Suffragette）埃米琳·潘克斯特领导的妇女社会政治联盟要求所有妇女享有投票权，认为"行动胜于空谈"。

激进派的斗争方式

- 游行示威
- 投炸弹
- 纵火
- 砸窗
- 将自己绑在铁轨上

斗争标志

绿色	横幅
白色	徽记
紫色	肩带

1914年，争取女性参政权团体人数

- 妇女社会政治联盟5000人
- 全国妇女选举权联盟5万人

- **1913年**《猫捉老鼠法令》(The Cat and Mouse Act）允许政府先释放身体虚弱的绝食女囚，等她们恢复后再重新逮捕。艾米丽·维尔丁·戴维森跳入埃普索德比（Epsom Derby）赛马场，跑向国王的赛马。她高呼口号，死于马蹄之下。

- **1914年** 埃米琳·潘克斯特（Emmeline Pankhurst，1858—1928）试图向国王请愿。第一次世界大战爆发，女性参政权运动被中断。

- **1918年**《人民代表法案》通过，给予30岁以上、拥有财产的妇女投票权。

- **1919年** 南希·阿斯特（Nancy Astor）成为英国第一位女议员。

- **1928年** 经修订的《人民代表法案》规定，年满21岁的所有公民享有投票权。

西奥多·罗斯福

西奥多·罗斯福（Theodore Roosevelt）在42岁当选第26任美国总统，成为史上最年轻的美国在任总统。

时间线

- **1858年10月27日** 罗斯福在纽约市出生。
- **1880年** 从哈佛大学毕业。
- **1882年** 当选纽约州议员，并连任两届。
- **1884年** 妻子与母亲在同一天去世；悲痛欲绝的罗斯福在达科他（Dakota）牧场度过了两年。
- **1886年** 回到纽约市并再婚。
- **1898年** "美西战争"爆发，罗斯福担任美国第一批义勇骑兵（又名"狂野骑士"）上校。
- **1901年** 威廉·麦金莱（William McKinley）遇刺身亡，罗斯福成为美国总统。
- **1901年** 邀请布克·T. 华盛顿（Booker T. Washington）在白宫参加晚宴，震惊社会，这是美国总统首次在白宫招待黑人客人。
- **1903年** 支持巴拿马脱离哥伦比亚，为接管巴拿马运河的修建铺设道路。
- **1904年** 连任美国总统。
- **1904—1905年** 调停"日俄战争"。
- **1912年** 代表进步党（Progressive Party，又名"公鹿党"）角逐总统一职。共和党分裂，导致民主党总统候选人获胜。
- **1919年1月6日** 在纽约牡蛎湾（Oyster Bay）去世。

户外运动爱好者

罗斯福从小体弱多病，他给自己定下了艰苦的身体锻炼计划。他因此变得身体强壮，**并爱上了户外运动和狂野的西部牛仔精神。**

托拉斯终结者

罗斯福**主张"公道政治"**，通过1890年颁布的《休曼反垄断法案》取缔了大批商业垄断组织。

和平调解者

罗斯福成功调停"日俄战争"而荣获诺贝尔和平奖。

罗斯福在任总统期间，美国**国家森林保护区和野生动物保护区增加至 200万英亩**

泰迪熊

众所周知，罗斯福热爱狩猎，但曾在1902年拒绝射杀一只被捆绑的熊，因为他认为这样违反体育道德。**莫里斯·米奇托姆**（Morris Michtom）和妻子罗斯（Rose）为纪念这一事件，**制作了毛绒玩具"泰迪熊"。**

C. J. 沃克夫人

20世纪初，鲜有妇女经商，其中黑人妇女更是少之又少。C. J. 沃克夫人（C. J. Walker）不仅成为美国第一位白手起家的女性百万富翁，还为数百名非洲裔美国妇女创造了脱贫机遇。

时间线

- **1867年12月23日** 沙拉·布雷德洛夫（Sarah Breedlove）出生。她是第一个以自由身份降生的黑人婴儿，父母原为奴隶。
- **7岁** 成为孤儿。
- **14岁** 为逃脱姐夫的虐待而结婚。
- **20岁** 成为寡妇。
- **22岁** 移居密苏里州圣路易斯，当过洗衣工和厨师。
- **27岁** 再婚后又离婚。
- **38岁** 第三次结婚，并以婚后姓 C. J. 沃克的名义推出了自己的美发产品。

原始的浓密毛发

沃克夫人与其他长有浓密头发的黑人一样有轻微的头皮病，知道未经打理的头发有多么令人难受

1.5美元
作为洗衣工的沙拉·布雷德洛夫日薪仅有1.5美元

沃克美发工艺

这套工艺包括**特殊的梳理手法**、加热的梳子和她自己调制的**奇妙生发剂**。

后来，沃克还开始提供**产品邮购服务**。在第二次离婚后，她在印第安纳波利斯**开设了一家工厂**，并为销售代理商开办了**一所美容美发学校**。

40000
C. J. 沃克夫人雇用的来自美国、中美洲和加勒比地区的非洲裔美国员工多达4万人

慈善事业

1913年，沃克夫人**移居哈莱姆区**（黑人住宅区），开始大力支持公益事业。她还向慈善机构慷慨捐献，包括向美国**全国有色人种协会反贪污基金**捐赠的一笔5000美元（今约72500美元/55500英镑）的公益金。

这位市值超过100万美元（今约1450万美元/1110万英镑）的企业独资所有者在1919年去世。

平均周薪

C. J. 沃克夫人的员工
10美元

南部其他劳工
2美元

漫长的19世纪（1789—1914）

发现马丘比丘

1911年7月24日，当考古学家海勒姆·宾厄姆三世（Hiram Bingham III）在细雨纷纷的山路上蹒跚而行时，一度怀疑传说中的遗迹并不存在。当他到达山顶后，在云雾笼罩之下的古城猛然出现在他的眼前。

海拔**7972**英尺

瓦伊纳皮克丘山高**8923**英尺

宾厄姆到达山顶后发现**3**户当地农民

20座可见建筑

挖掘出**500**座建筑

1983年，联合国教科文组织将马丘比丘（Machu Picchu）列入世界文化遗产

印加帝国

印加人精通建筑、工程与军事，却仍然输给了征服者弗朗西斯科·皮萨罗（Francisco Pizarro）——西班牙军队不仅带来了炮火与骑兵，还有可怕的疾病。这些因素共同摧毁了这个一度辉煌的帝国。

秘鲁

探险之行

宾厄姆此行目的是寻找失落的比尔卡班巴（Vilcabamba）古城，那是印加人最终战败之地。一位名叫梅尔乔·阿特亚加（Melchor Arteaga）的当地农民说那里有值得一探的奇观。

宾厄姆确实很震惊，只是没想到地下还埋藏着更多有待发掘的古建筑——**谷仓、露台、房屋、宫殿、喷泉和令人叹为观止的太阳神庙**，均以最佳采光布局建造。**宾厄姆在去世前，认为自己已经找到了比尔卡班巴。**

当时，西班牙人从未听说过马丘比丘，因此尚无任何记载。**据传，这是15世纪令人敬畏的印加战神帕查库特克（Pachacuti）皇帝的栖息之所。**

登陆南极之争

直至20世纪初，地球上仅有少数地域尚未被人们发现。1911年，两支队伍分别从英国和挪威开启了前往南极的旅程。

挪威探险队

- **领队** 罗尔德·阿蒙森（Roald Amundsen）
- **船只** "费拉姆号"（Fram）
- **离营时间** 1911年10月18日
- **到达时间** 1911年12月14日
- **归营时间** 1912年1月25日

英国探险队

- **领队** 罗伯特·法尔肯·斯科特（Robert Falcon Scott）
- **船只** "特拉诺瓦号"（Terra Nova）
- **离营时间** 1911年11月1日
- **到达时间** 1912年1月17日
- **归营时间** 无

阿蒙森（1872—1928）

罗尔德·阿蒙森是一位可敬的探险家，他为探险计划保密，选择了一条不同的路线，在斯科特营地南面60英里处扎营。后来，斯科特的机动设备意外掉进海里。阿蒙森的队伍只有4人，而斯科特有5人，较少的人数也意味着口粮较为充足。

斯科特（1868—1912）

斯科特曾在1901—1904年尝试登陆南极，虽然未成功，但创下了纪录，他决心再尝试一次。

斯科特队面对的困难

- 疲惫
- 低温
- 饥饿
- 坏血病
- 坏疽
- 冻疮

斯科特获得英国海军部的**2万英镑**奖金（今230万英镑）

斯科特队在距离补给点**11英里**处全军覆没

阿蒙森一行还带上了**52只极地犬**

竞争开始

斯科特在澳大利亚停留之际收到阿蒙森发送的电报，获悉阿蒙森也要登陆南极。

南极

斯科特一行精疲力尽，遭受重病困扰，还被迫弃用机动雪橇，自己拖着补给前行。他们到达南极时，看到了阿蒙森已经插好的挪威国旗。

最终

掉队的海军军士埃德加·埃文斯（Edgar Evans）在2月17日去世。上尉劳伦斯·奥茨（Lawrence Oates）意识到物资即将耗尽，为不让自己成为累赘，在3月17日生日当天顶着暴风雪离开了帐篷。1912年3月29日或之后不久，最后三名队员——斯科特、爱德华·威尔逊（Edward Wilson）和亨利·鲍尔斯（Henry Bowers）相继丧生。

漫长的19世纪（1789—1914）

"泰坦尼克号"沉没

1912年4月14日,星期日,晚上11:40,皇家邮轮"泰坦尼克号"(Titanic)在从爱尔兰前往美国纽约的首航途中撞上了冰山。午夜时分,船只的六个水密舱全部损坏,"泰坦尼克号"沉入海底。此时是该船出发后的第四天。

- 皇家邮轮"泰坦尼克号"被称为**"永不沉没"之船**
- **建造** 由冠达邮轮(Cunard)的竞争对手白星线(White Star Line)建造;白星线创造了穿越大西洋的最快速度纪录
- **成本** 750万美元(今1.67亿美元)
- **船重** 4.6万吨
- **最高载客量与船员数** 2603名乘客、944名船员
- **救生艇** 20艘可折叠救生艇(共可乘坐1178人),即半数乘客

史密斯船长

- 爱德华·J.史密斯(Edward J. Smith)被称为**"百万富翁船长"**。他是当时贵族的首选船长。
- 尽管在**1911年**曾经发生过**两起事故**,他还是担任了"泰坦尼克号"船长。
- 关于这位船长的传言有很多,其中最广为人知的是**他轻视了冰情通报**。
- 有目击者说,舰桥下沉时**他跳入海中**。

相关数据

船上约有2200人

- 900 船员数量
- 1300 乘客数量
- 未达到满载人数 75%

乘客中…… 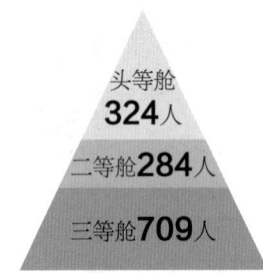
- 头等舱 324人
- 二等舱 284人
- 三等舱 709人

37秒
从发现冰山到发生碰撞仅过了……

20艘救生艇足够**半数乘客**使用

仅**700**人使用了救生艇——多数座位空着

璀璨的"泰坦尼克号"

这艘**客轮的内饰设计**灵感来源于伦敦的丽兹酒店。

丽兹酒店 THE RITZ

头等舱乘客可使用阅读室、棕榈咖啡厅、健身房、游泳池、壁球场、土耳其浴室和理发店。

结果

仅有 **306**
306具遗体被找到

1985年,船只残骸在距离纽芬兰海岸**370英里**处被发现。船首陷入海床**18米深**。

当时,米尔维纳·迪恩(Millvina Dean)只有**两个月大**。她是最后一位幸存者,在**2009年5月31日**去世,**享年97岁**。

巴拿马运河

1914年之前，来往大西洋和太平洋的船舶不得不绕过南美洲合恩角，历经漫长而危险的航程。

巴拿马运河 连接两个海域的闸式运河

纬度 北纬9°

始末 从大西洋海域的科隆（Colón）到太平洋海域的巴尔博亚（Balboa）

全程 两条海岸线之间全程40英里；两个海域深水处相距50英里

时间线

- **16世纪** 西班牙人开始讨论建造运河的可行性。
- **1881年** 开凿了苏伊士运河的法国外交官斐迪南·德·雷塞布（Ferdinand de Lesseps）尝试开建穿越巴拿马地峡的第二条航道。
- **1898年** 雷塞布被迫放弃该项目，并标价出售工程。
- **1902年** 美国国会通过《斯普诺法案》（*Spooner Act*），购买该项目，但未成功与哥伦比亚达成协议。
- **1903年** 巴拿马宣告成为独立国家。
- **1904年** 《美巴条约》签订，允许美国修建运河。
- **1914年8月15日** 巴拿马运河建成。
- **1977年** 《巴拿马运河条约》签订，规定运河归还巴拿马管辖的时间。
- **1999年** 美国将运河管理权归还巴拿马；《中立条约》签订，确立运河永久中立，任何国家在支付平等的通行费用后方可通行。
- **2016年** 巴拿马运河扩宽工程完工。

船闸

建设海面通道的成本高昂，法国人决定采用船闸控制水量，调整海平面高度。

巴拿马独立

直至1903年，巴拿马仍属于哥伦比亚。在美国支持下，巴拿马得以宣告独立。

独立代价

直接费用1000万美元 + 年费25万美元
用以购买巴拿马运河的开发和管理权

2条考虑线路
巴拿马和尼加拉瓜

164平方英里
船闸通过世界上最大的人工湖加通（Gatún）来调整海平面高度

在运河修建中，约2.56万人丧生

通过运河平均用时8~10小时

巴拿马运河使船舶航程缩短8000海里

漫长的19世纪（1789—1914）

斐迪南大公遇刺

1914年，欧洲战云密布，犹如一只火药桶，只需一根小小的"火柴"就能引爆——一个暗杀组织点燃了导火索。

时间线

1914年6月28日

- **上午9:30** 州长波托雷克（Potiorek）在萨拉热窝车站迎接弗朗茨·斐迪南大公（Archduke Franz Ferdinand）和妻子霍恩贝格女公爵苏菲（Sophie）。

- **上午10:10** 内德利科·查布林诺维奇（Nedjelko Čabrinović）向大公的汽车投掷手榴弹，手榴弹从车盖上弹到后方车辆底下爆炸。

- **上午10:20** 大公要求前往医院探视伤员。

- **上午10:50** 汽车转错方向，在掉头时，加夫里洛·普林西普（Gavrilo Princip）开枪打中斐迪南大公夫妇。

- **上午11:30** 苏菲在抵达州长官邸时死亡。几分钟后，弗朗茨·斐迪南死亡。

受害者

炸弹导致约20人受伤。

第二发子弹意在射杀波托雷克州长，因发生扭打而射偏。

斐迪南大公夫妇中弹部位

背景

德国的盟国**奥匈帝国吞并了原由塞尔维亚人主导的波斯尼亚**。渴望自由的波斯尼亚民族主义者得到俄罗斯的盟国**塞尔维亚**的同情。当奥地利王储弗朗茨·斐迪南大公宣布前往萨拉热窝时，**暗杀者便集结起来**谋划了这次行动。

"黑手党"

7名年轻的波斯尼亚塞族同谋者从塞尔维亚恐怖组织"黑手党"（Black Hand）那里获得了炸弹和枪支。

事后

内德利科·查布林诺维奇和加夫里洛·普林西普均未达到判处死刑的年龄，**被判处20年有期徒刑**。两人分别在1916年和1918年死于肺结核。

影响

奥匈帝国政府将这次暗杀视为由塞尔维亚人发动的**直接袭击**，俄罗斯则开始动员支援塞尔维亚。于是，奥匈帝国对塞尔维亚宣战，**德国则作为盟国向俄罗斯宣战**。由于法国支援俄罗斯，因此德国又向法国宣战。

第一次世界大战由此打响。

加里波利之战

加里波利之战，又称"达达尼尔战役"，是第一次世界大战中最惨烈的战事之一。

时间 1915年2月—1916年1月

地点 土耳其达达尼尔海峡与加里波利半岛

参战方 协约国对战奥斯曼帝国

伤亡统计 双方共损失50万士兵

结果 协约国战败

海战

1915年2月19日，英法舰队袭击爱琴海与马尔马拉海之间的达达尼尔海峡，但未能取胜。

陆地进攻

- 4月25日，协约国军队登陆赫勒斯角（Cape Helles）和阿里本努（Ari Burnu，后更名为"澳新军团湾"），遭遇土耳其军队强烈反击，损失惨重。
- 8月6日，协约国军队再次发动登陆战，取得短暂优势，但因缺乏决断而失去优势。
- 堑壕战使军队无法推进。士兵饱受饥饿与疾病之苦，被同胞尸体和成群黑蝇包围，陷入恶性循环的僵局。
- 查尔斯·蒙罗（Charles Munro）取代伊恩·汉密尔顿（Ian Hamilton）指挥官之位。12月7日，陷入窘境的协约国军队开始将10.5万名士兵撤离战场。

协约国军队来自

- 澳大利亚
- 新西兰
- 法国
- 英国

48万名士兵参战

澳新军团

"澳新军团"于1914年在埃及组建。"澳新军团"一词指代所有来自澳大利亚与新西兰的士兵。

纪念日

战斗失利与军队伤亡惨重使阿斯奎斯（Asquith）被迫辞去英国首相一职，也给澳大利亚与新西兰造成长久无法愈合的重创。澳新两国将**每年4月25日**定为"澳新军团日"，纪念在战斗中牺牲而无法归国的将士。

伤亡统计

各方损失士兵 **25万**人，其中……

协约国军队
4.6万~5.8万人战死，包括

土耳其军队
8.7万人战死

- **2.9万** 英国与爱尔兰士兵
- **1.1万** 澳大利亚与新西兰士兵
- **1.8万** 其他国家士兵

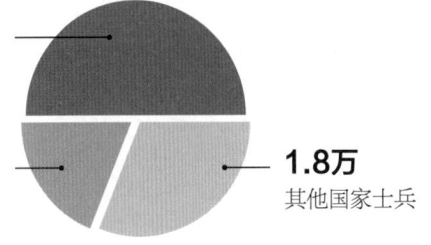

战乱年代

索姆河战役

索姆河战役（Battle of the Somme）是第一次世界大战期间规模最大的战役，也是有史以来最为血腥的战役之一。战役由英法联军发动，旨在击溃西线德军。

时间 1916年7月1日—11月19日

地点 法国索姆河畔

参战方 英国和法国对战德国

伤亡统计 英军：42万人；法军：20万人；德军：60万人

结果 僵持

战前

- 战前，英军在索姆河集结，对德军进行了**连续7天的炮轰**。
- 英军向德军共**发射170万发炮弹**。
- **重型炮击**对德军防线**造成一定影响**，但英军仍然没有实现快速突破。

参战士兵

来自27个师的**75万名士兵**一同发动进攻，其中**超过80%的士兵是英国远征军**。

战况

- 在接下来的141天里，英军最多推进了7英里。
- 英军损失惨重，**最终还是取得战略性胜利**，重创德军。

纪念碑

- 英联邦战争墓地委员会在索姆河一带设立了**450多座纪念碑与墓碑**。
- **蒂耶普瓦勒索姆河战役失踪将士纪念碑**上列出了72195位没有**墓碑**的将士姓名。

第一天

7月1日上午7:20，霍索恩岭（Hawthorn Ridge）地下坑道的一颗**巨型地雷**被引爆。10分钟后，英军步兵顺利翻过山岭。

士兵缺乏培训，并且都背着**66磅重的装备**，因此英军只能**以步行速度前进**。

第一天，共有 **19240**名 英国士兵战死。

来自纽芬兰岛的军队损失最为惨重：战役打响当天，2000名士兵已战死 **90%**。

军队荣誉

英联邦帝国军的**51名士兵**因在索姆河战役中的英勇表现而**被授予维多利亚十字奖章**。

拉斯普京之死

神秘主义者格里高利·拉斯普京（Grigori Rasputin）一生牵涉俄国皇室的故事广为流传。

时间 1916年12月30日

地点 圣彼得堡尤苏波夫宫

杀手 尤苏波夫亲王和弗拉基米尔·普里希克维奇（Vladimir Purishkevich）

背景

俄国沙皇尼古拉二世（Nicholas Ⅱ）和皇后亚历山德拉（Alexandra）有个致命的秘密：**他们唯一的继承人阿列克谢（Alexei）身患血友病**，血液无法凝结，一旦受伤便可能因失血过多而死。

目光所及

狂热的神秘主义者**格里高利·拉斯普京粗犷的长相刊登在报纸上已经足够吓人了**，而他那双阴魂不散、如魔鬼一般的眼睛，更是犹如一场噩梦。

绝望的罗曼诺夫夫妇（沙皇与皇后）认为拉斯普京能够治愈儿子。但是，在公众眼中，拉斯普京只不过是一个居心叵测的小人，控制着沙皇夫妇和整个帝国的未来，并且情况越来越严重。

拉斯普京之死

沙皇因俄国参加第一次世界大战而离开皇后身边。密谋者担心拉斯普京因此获得更大的权力，决定把他除掉。

拉斯普京生前的最后时刻与目击者陈述相差悬殊，并且尤苏波夫亲王的陈述也颇具争议：

- 拉斯普京被引诱到地下室，**吃了有毒蛋糕**，但毒性似乎没有发作
- **尤苏波夫枪击拉斯普京**，后者倒地"身亡"，密谋者离开现场
- 密谋者回到现场处理尸体。拉斯普京挣脱，蹒跚跑到庭院里
- 拉斯普京再次中枪，然后又醒过来挣扎，**最后被重物击晕**

拉斯普京被扔进莫伊卡河（涅瓦河支流），尸体在次日被发现。法医验尸结果表明他被扔进河里时并没有死，而是溺水而亡，这一诡异事件开始在民间流传。

皇后秘密埋葬了拉斯普京的遗体并进行悼念，直到两个月后，布尔什维克逮捕罗曼诺夫家族，才**发掘出拉斯普京的遗体，并焚尸扬灰**。

罗曼诺夫一家在1918年被革命者杀害

战乱年代

西班牙流感

1918年，当世界饱受战争摧残时，数千万人又因一种可怕的传染病（俗称"西班牙流感"）而丧生。

- **时间** 1918—1919年
- **疾病** 甲型H1N1流感
- **症状** 发热、头痛、乏力，常伴有肺炎
- **死亡统计** 2500万～5000万人
- **地区** 除一些偏远岛屿外，疾病几乎蔓延到所有地区

西班牙流感的"第一波攻击"横扫欧洲各地军事医院。**士兵返乡后，又将病毒传播到各处，造成疾病多次扩散。**多数感染者为青壮年。

治疗

当时医学界还未发现该病毒，**因此尚无疫苗或治疗手段。**有关当局只能通过隔离、检疫、封锁公共区域和提高个人卫生等措施来控制疫情。

为何称作"西班牙"流感？

"一战"期间，各国政府为**维持军队与民众的士气，隐瞒了流感的严重性。**当时属于中立国的西班牙无所顾忌，诚实报告了该病。

美国死亡人数高达 **67.5万人**

纽约市对**不用手帕遮掩就咳嗽、打喷嚏的人进行罚款，甚至监禁。**

噩梦不断

在此后38年中，季节性西班牙流感仍旧一次次**在全球肆虐。**

2005年，美国疾病控制中心**完成了对该病毒的基因测序**，进而开始研究大范围流行病的控制手段。

俄国革命

在20世纪初的动荡时期,俄国爆发了一系列革命,苏维埃联盟由此成立。

时间线

下列日期出自1918年苏维埃俄国(Soviet Russia)采用的公历

- **1861年** 农奴制改革,但农民仍旧受到阶级压迫。
- **1881年** 沙皇亚历山大二世(Alexander Ⅱ)被激进组织"民意党"暗杀。
- **1882年** 反犹太人的暴力屠杀迫使大批犹太人迁徙。
- **1894年** 尼古拉二世继位。
- **1905年** "血腥星期日"开启了1905年革命。
- **1905年** "波将金号"(Potemkin)战舰的水手发动起义。
- **1905年** 尼古拉发表《十月宣言》,承诺给予公民自由。
- **1907年** 俄罗斯国家杜马解散,政变告终。
- **1914年** 第一次世界大战爆发。

弗拉基米尔·列宁(1870–1924)

弗拉基米尔·列宁(Vladimir Lenin)是**苏联革命领导者**,曾经因政治立场被捕入狱,后在布尔什维克起义期间闻名。

血腥星期日

警察和士兵在民众**和平游行**时枪击示威者,**造成1000人死亡**,沙皇尼古拉二世难辞其咎。

二月革命

公众抗议第8天,妇女也开始游行示威,最终导致俄国君主制被废除。**尼古拉在3月15日退位**,而动荡局势使新建立的临时政权摇摆不定。

暗杀与镇压

列宁遭遇暗杀,逃过一劫,在其领导下的苏维埃政府,**逮捕并处决了许多人**。

- **1917年** 二月革命爆发;9月14日,俄罗斯共和国宣告成立。

  十月革命后,布尔什维克党掌权,赋予工人阶级新的权利,并废除土地私有制。

- **1918年** 布尔什维克党统治的俄罗斯退出"一战",割让了原帝国的大片领土。

  俄国皇室成员被处决。

- **1922年** 苏维埃联盟成立。
- **1924年** 列宁去世。约瑟夫·斯大林(Joseph Stalin)与列夫·托洛茨基(Leon Trotsky)进行斗争,取得军权。

1896年5月30日

在尼古拉二世加冕典礼上发生踩踏事故,造成1300人死亡,史称"霍登卡惨案"。

包豪斯建筑学派

德国国立包豪斯学院（Staatliches Bauhaus）创立于1919年，旨在发展现代设计、建筑与应用艺术。包豪斯建筑学派的作品历久弥新，如今再看更显风尚。

国立包豪斯学院

时间 1919—1933年

地点 魏玛（1919—1925），德绍（1925—1932）；柏林（1932—1933）

创始人 沃尔特·格罗皮乌斯（Walter Gropius，1883—1969）

闭校 因纳粹党施压，在1933年关闭

回归 1937年，新包豪斯学院在芝加哥成立

包豪斯"建筑学院"由格罗皮乌斯将魏玛艺术学院和魏玛工艺学院两所学校合并而成。

社会思潮

在英国工艺美术运动基础上，包豪斯将艺术与设计相结合，摒弃了手工奢侈品的设计路线，转向**高质量的大规模生产**，希望为社会各阶层创造令人赏心悦目的作品。

学生修习的理论与实践课程

- 木工
- 金工
- 陶艺
- 制作彩色玻璃
- 绘制壁画
- 编织
- 制图
- 排印
- 舞台艺术

现代建筑与室内设计专业的毕业生在德国拥有平等的就业机会。

钢管折叠椅

包豪斯**鼓励学生使用钢管、层板、玻璃板和几何形体等现代素材**来设计美观、实用的建筑与家具。

其中最著名的也许是马塞尔·布劳耶（Marcel Breuer）用钢管与黑色皮革制成的B3型钢管折叠椅，后被称为**"瓦西里椅"**（Wassily）。

影响

包豪斯的教学方法和对日常物品设计的重视至今仍是多种课程的重要组成部分。

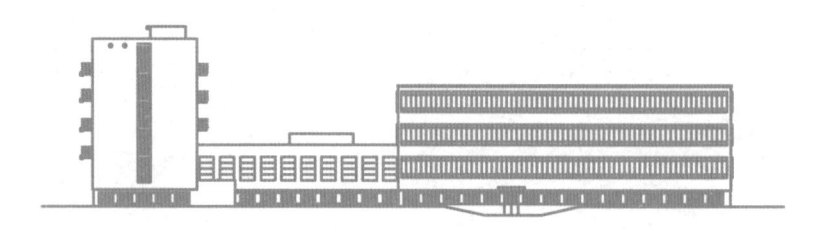

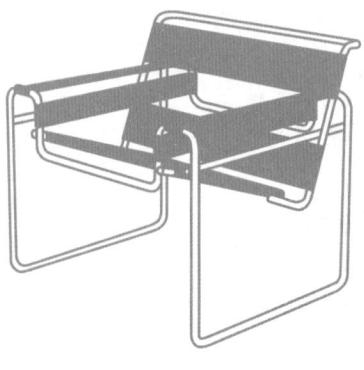

发现图坦卡蒙陵墓

"是的，真是鬼斧神工！"当考古学家霍华德·卡特（Howard Carter）被问到自己的发现时，他已经找不出其他词汇来形容了。法老图坦卡蒙（Tutankhamun）年少逝世，他的保存完好的陵寝至今仍是最伟大的考古发现。

地点 埃及帝王谷

时间线

- **公元前1323年** 图坦卡蒙去世，年约18岁。他的遗体经防腐处理，并且周围安放了应有尽有的陪葬品。
- **1907年** 卡那封勋爵（Carnarvon）聘请考古学家霍华德·卡特到古埃及遗址考察。
- **1922年11月4日** 一名当地取水工发现了一节石阶。
- **1922年11月26日** 卡特凿开了封闭陵墓的石门。
- **1923年2月16日** 法老的金棺被发现，完好无损。

再启考古之旅

1907年，卡那封雇用卡特进行考古活动。在经历第一次世界大战等一系列挫折后，卡那封感到很气馁。**卡特说服卡那封资助他一个季度的考古经费。**

宝藏

考古队在陵墓中发现了超过 **3000件古物**，包括价值连城的黄金家具、壁画、战车、酒瓶，甚至还有餐包。现在，许多文物在开罗的埃及博物馆展出。

黄金面具

图坦卡蒙的纯金面具上**嵌满了彩色玻璃和宝石**，还刻着古埃及《死者之书》的咒文。

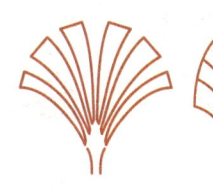

图坦卡蒙热潮

当时，世界上许多人都开始痴迷这项发现，**古埃及风格也成了时尚风潮**，作为一种全新的装饰风尚融入时装、建筑与设计之中。

战乱年代

阿尔伯特·爱因斯坦

像阿尔伯特·爱因斯坦（Albert Einstein）那样受欢迎的天才凤毛麟角。爱因斯坦对科学做出的卓越贡献、幽默随和的个性及为和平付出的努力，使他获得了世人的称赞与爱戴。

出生 1879年3月14日，德国乌尔姆　　**去世** 1955年4月18日，美国普林斯顿

爱因斯坦讨厌学校。他的班主任甚至称这个学生将一无所成。

大学毕业后，爱因斯坦在**瑞士专利局**找到了一份**行政工作**。这份工作并不辛苦，让他得以有时间思考，他开始了自己的研究工作。

爱因斯坦的相对论

狭义相对论提出，**物体速度与其他物体相关**，并取决于其他物体的速度。

广义相对论则是关于**物质间引力相互作用**的理论。它描述了空间与时间的结构性质，并且认为这种结构可以弯曲、拉伸、扭曲，甚至断裂。

神奇的一年

1905年，26岁的爱因斯坦发表了4篇论文。

- 证明**原子存在**，并获得了博士学位
- 建立**量子力学**的概念
- 提出**狭义相对论**
- 导出**质能方程式**$E=MC^2$，并总结出同一物体的质量与能量可以互换的理论

和平主义者

爱因斯坦是**一名坚定的和平主义者**，他对第一次世界大战的爆发感到十分痛心。当他试图返回德国定居时，因犹太人身份遭到纳粹迫害，于是**最终移居到美国普林斯顿**。爱因斯坦的工作推动了**"曼哈顿计划"**，但他还是努力阻止核武器进一步发展。

女士们的男人

爱因斯坦很受女人欢迎，而又一生动荡。在用诺贝尔奖奖金了结了第一次婚姻后，他与一位表姐结婚。

禁 酒 令

美国向来不缺酒徒。在南北战争时期，士兵曾一度将酒瓶偷偷藏在裤管或靴子里带回营地享用或贩卖，因而得名"私酒贩子"。随着生活逐渐安定，人们开始将酒精视为美国社会问题的根源。

开始
1919年1月16日

美国宪法第十八条修正案禁止所有酒类的生产、进口、销售与运输。

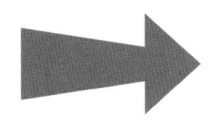

结束
1933年12月5日

美国宪法第二十一条修正案解除禁酒令。

以高尚之名

禁酒主义者声称饮酒会导致犯罪、家庭破裂、健康受损等问题，并且有违上帝的指示。20世纪初期，禁酒运动开始出现，甚至有人成立"禁酒党"上街游行。

后果难测

禁酒令的施行反而为酒精走私、非法经营酒吧等犯罪活动打开了一个巨大的黑市。犯罪分子开始秘密进口或生产酒类，因腐败官员视而不见，便索性公开进行这类违法活动。于是，**犯罪率节节攀升，创下新高**，而酒精产业的税收则跌入谷底。

在禁酒运动期间，人们只能饮用"月光"（私酿劣质酒），这种酒原料可疑，可能含有工业酒精，常常导致有人因酒精**中毒身亡**。

由于美国边界辽阔、官员受贿，以及公众不愿配合，所以**强制执法难上加难**。

战乱年代

禁酒令相关数据

3.2万
1929年，纽约有3.2万家非法酒吧

28万
1929年，28万处非法酒精生产场所被取缔

130
1926—1927年，芝加哥发生了130起黑社会谋杀案

酒精相关死亡统计

1926年
760人

1920年
98人

贝尼托·墨索里尼

贝尼托·墨索里尼（Benito Mussolini）生于铁匠之家，以社会主义者身份开始政治生涯，结果却成了20世纪最臭名昭著的法西斯主义者之一。

时间线

1883年7月29日 墨索里尼在意大利普雷达皮奥（Predappio）出生。

1902年 移居瑞士寻找工作机会；加入社会主义报社《前进！》。

1915年 不再坚持社会主义，进入意大利军队，参加了第一次世界大战。

1919年 建立法西斯党。

1921年 法西斯党加入意大利联合政府。

1922年 墨索里尼的黑衫军向罗马挺进，意大利国王维托里奥·埃马努埃莱（Victor Emmanuel）召其组织内阁。

1925年 成为独裁者，自称"领袖"。

1935年 进攻阿比西尼亚（Abyssinia，今埃塞俄比亚），并在西班牙内战中协助弗朗西斯科·佛朗哥（Francisco Franco）。

1939年 与纳粹德国签订《钢铁盟约》，通过反犹太人法律。

1940年 意大利向英法两国宣战，在北非、东非和巴尔干半岛地区战败。

1943年 墨索里尼被政府同僚赶下台并关押。意大利被纳粹占领，将墨索里尼扶植为傀儡领袖，听命于希特勒。

1945年 在盟军攻势下逃跑，在4月28日被游击队抓获并枪决。

八面玲珑

墨索里尼拥有超凡的个人魅力。即便政府并不强大，他仍然能够通过独具特色的公开演说**激发出群众的奉献精神**。

黑衫军

墨索里尼收编了对政府不满的退伍军人，将他们武装成一支恐怖主义部队，以此威慑政敌。

黑衫军的座右铭是"我无所畏惧"。

墨索里尼执政时期的意大利

国家控制社会生活的方方面面，并通过秘密警察组织奥夫拉（OVRA）进行监控。青年组织则培养年轻的法西斯主义者，使他们成长为勇于牺牲的士兵或吃苦耐劳的母亲。

墨索里尼制定"生育战"政策，鼓励每位妇女至少生育 **5**个孩子	1940年 约**4000**人被秘密警察监禁 **10**人被判处死刑

为什么要学点历史

有声电影

将声音赋予原本无声的画面是电影业史上最大的一次变革。《爵士歌王》的巨大成功，折服了所有质疑有声电影的人。

时间线

- **1877年** 托马斯·爱迪生发明了留声机。他试图将声音与动态影像进行结合。

- **1900年** 巴黎电影院将留声机与动态影像同时播放，从而使声音能够更加及时地跟上画面。

- **1913年** 莱昂·高蒙（Léon Gaumont）发明了一台放大机。

- **1919年** 李·德福雷斯特（Lee de Forest）将声音与画面一同录制到胶片上。

- **20世纪20年代** 无声电影风靡一时，好莱坞并不热衷于向新技术转型。

- **1927年** 第一部商业有声电影《爵士歌王》问世。

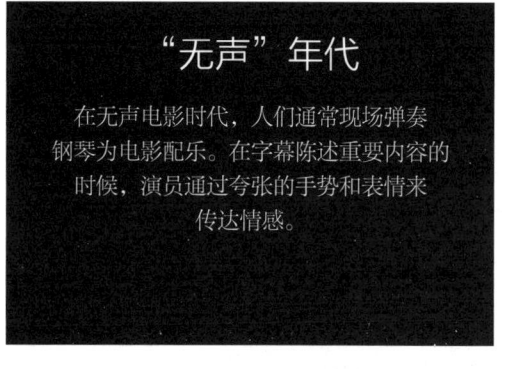

"无声"年代

在无声电影时代，人们通常现场弹奏钢琴为电影配乐。在字幕陈述重要内容的时候，演员通过夸张的手势和表情来传达情感。

拍摄问题

数十位发明家绞尽脑汁为电影加上声音。他们不仅需要使声音与演员说话的影像同步，还要使声音清晰可闻。

沉默观影的人们已经习惯了无声电影的"表达方式"，有声电影需要以更出色的表现来打动这些观众。

制作艰辛

录制过程通常伴随噪声，并且需要应对诸多其他问题，正如1952年上映的好莱坞音乐电影《雨中曲》拍摄过程中那些众所周知的困难一样。

某些演员甚至可能因自己在影片中的声音与画面不和谐而一夜之间丢掉工作。为迎合全球受众，一部电影必须配上各种语言的字幕，而老旧的剧本桥段正逐渐过时。然而，当公众听到艾尔·乔森（Al Jolson，参演《爵士歌王》）的歌声时，便会顷刻沉醉其中。

制作优势

有了声音，意味着剧情将更具有感染力，而喜剧片的音效可与影像一同表现更丰富的滑稽感。就这样，好莱坞音乐电影诞生了。

在经济大萧条时期，至少美国有一样事物闪闪发光——电影。

战乱年代

阿尔·卡彭

阿尔方斯·加布里埃尔·卡彭（Alphonse Gabriel Capone，即阿尔·卡彭）可能是有史以来最臭名昭著的歹徒。有些人将他视为黑心恶棍，有些人却将他视为英雄。

时间 生于1899年1月17日；死于1947年1月25日

绰号 阿尔、暴躁者、疤脸

主业 私酒贩卖

副业 非法经营酒吧、赌场、夜总会和赛狗活动，以及勒索、谋杀、干扰陪审团、贿赂警察、操纵选举

黑色收入 未知；卡彭无银行账户

卡彭在纽约布鲁克林区出生，**在芝哥发现了自己的一技之长，成为犯罪组织的首脑**。在了解到禁酒运动为私酒带来的巨大商机后，他下定决心投身其中，不惜以暴力手段获取利益。

情人节大屠杀

1929年2月14日，卡彭的竞争对手布格斯·莫兰（Bugs Moran）和其帮会在汽车维修站聚会时，遭到一群"警察"突袭，7名帮会成员被枪杀。布格斯认定这是卡彭所为。

天网恢恢

禁酒官员艾略特·内斯（Eliot Ness）召集了一批"廉洁"警察，向"疤脸"宣战。内斯每次突击都成为头条新闻，但**无法给卡彭定罪**。后来，卡彭被国税局的弗兰克·威尔逊（Frank Wilson）指控逃税，最终落网。

判决

卡彭被判处**11年有期徒刑**，其中几年被关押在新建的恶魔岛联邦监狱。

民间英雄

阿尔·卡彭因帮助"弱者"而闻名。他曾经专门为穷困潦倒的人设过一个粥厂，还为一名意外帮他"挡子弹"的路人支付了医药费。

魏玛共和国

第一次世界大战结束后,德意志皇帝退位,而德国则在战败的绝望和社会的萧条破碎中挣扎。

时间线

- 1918年11月11日 德国投降。
- 1919年1月 弗里德里希·艾伯特(Friedrich Ebert)成为社会民主党领袖。该党派暂时在魏玛集会。
- 1919年7月《凡尔赛条约》使德国在财政、军事等方面受到严重惩罚。
- 1923年 德国面临严重通货膨胀。
- 1924年 魏玛德国(Weimar Germany)政府暂时稳定。
- 1929年 经济大萧条导致民众贫困和绝望,民族社会主义兴起。

11月罪人

许多人将《凡尔赛条约》的签署者视为德国的叛徒。

恶性通货膨胀

内忧外患使**软弱无能的魏玛政府不得不大量印钞**,引发恶性通货膨胀——劳工**薪资一天要分两次支付**,以致人们只能推着**装满现金的手推车**去购物。

第48条

德国宪法允许总统在紧急情况下拥有凌驾于议会之上的独裁权,但这条规定被过度滥用。

艺术

尽管政局动荡,**魏玛德国还是迎来了艺术与建筑的黄金时代。包豪斯学院**为全世界带来了一种新的建筑风格。达达主义运动影响了艺术界,而表现主义流派又将一种新奇、古怪而阴郁的表现手法带入德国电影。在柏林,"重在今朝"的享乐主义流行,而可怕的纳粹主义运动渐渐抬头。

战乱年代

一块面包的花费

1923年1月 **250马克**
1923年11月 **2000亿马克**

大萧条

1929年10月29日,"咆哮的二十年代"结束。美国股市暴跌,银行倒闭,财富流失,在其后的岁月里,数以百万计的民众持续挨饿。

日积月累

20世纪20年代,美国经济蓬勃发展——普通市民均能轻松就业,福特汽车一度畅销,还有部分投资者热衷于借钱炒股。

1929年10月

18日 股价开始下跌。

24日 黑色星期四:银行家开始购买股票来稳定股市。

29日 黑色星期二:华尔街股市崩盘,股价一落千丈。

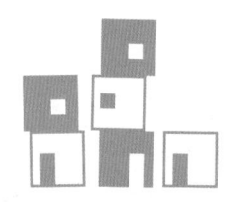

有钱人在一夜之间破产,普通人也迅速陷入贫困。**成千上万人流离失所,只能睡在自己搭建的棚屋里**。美国民众眼中一无建树的**胡佛总统**卸任后,这类棚屋被称为"**胡佛村**"。

粥厂变得四处可见。1930年,黑帮首脑阿尔·卡彭曾为5000名受饿贫民提供了一顿感恩节大餐——炖牛肉。

沙尘暴

广袤的平原因过度耕种而被风沙侵蚀,曾经肥沃的土壤变为沙质土地。许多人开始抛弃原来的生活,成群开车、搭便车或步行前往加利福尼亚——那里的情况应该比较乐观,至少好莱坞是这么说的。

FDR

在1933年的总统大选中,富兰克林·德拉诺·罗斯福(Franklin Delano Roosevelt,FDR)承诺以"新政"开创美好未来,击败胡佛,成为新任美国总统。

罗斯福新政

罗斯福通过清除、修理和建造公共设施等一系列改革举措,为失业者创造了就业机会。同时,他的定期广播节目"炉边谈话"也逐渐让民众恢复信心。不过,还是有许多人直到第二次世界大战后才过上安定生活。

阿道夫·希特勒

在20世纪众多可怕的独裁者中，阿道夫·希特勒（Adolf Hitler）或许是人们最恨之入骨的一个。他从一个失败的画家成为人神共愤的杀人狂魔。

时间线

- **1889年4月20日** 希特勒在奥地利布劳瑙出生。
- **1903年** 被维也纳美术学院拒绝。
- **1914年** 志愿入伍，加入德军，参加第一次世界大战。
- **1918年** 不满德国投降和魏玛政府，加入宣扬民族主义与反犹主义的德国工人党（后更名为"纳粹党"）。
- **1921年** 通过颇具感染力的演讲赢得大批追随者与党派大权。
- **1923年** 在慕尼黑一家啤酒馆发起暴动，被判处5年监禁，但只服刑9个月。
- **1925年** 在狱中完成《我的奋斗》一书。
- **1933年** 成为德国总理。
- **1934年** 党卫队（SS）在"长刀之夜"清除数百名政敌，使其拥有完全控制权。
- **1935年** 通过《纽伦堡法案》，剥夺所有被"定义"为犹太人的人的权利。
- **1938年** 开始疯狂扩张领土。
- **1939年** 纳粹先后入侵波兰和欧洲大部分地区。
- **1945年** 苏军进入柏林。希特勒与恋人爱娃·布劳恩（Eva Braun）结婚，这对夫妻在4月30日注射氰化物自尽。

仇恨根源

希特勒在维也纳居住期间，受到市长卡尔·吕格（Karl Lueger）反犹太政策的启发。

小胡子
希特勒曾在索姆河战役中被炸伤，失去一个睾丸。为防止自己的性别遭到质疑，他开始留起标志性的小胡子。

纳粹标志
这是一个古老的印度符号，寓意"幸福安康"。
在被纳粹使用前，西方人一直将这个符号视为好运的象征。

《我的奋斗》
希特勒在书中宣扬民族主义与反犹主义的军事扩张思想，主张清除"不纯正"的种族，并进行独裁专政。书中包含大量危险的极端言论。

SS
"党卫队"，是希特勒用来巩固恐怖统治的武装力量。

纳粹党得票
- 1928年选举 **2.6%**
- 1932年选举 **37%**

富兰克林·德拉诺·罗斯福

富兰克林·德拉诺·罗斯福（Franklin Delano Roosevelt）在美国困难时期上台。尽管美国人对这位总统及其内外政策褒贬不一，但他仍以坚定的信念与政治公关活动"炉边谈话"，从大萧条与第二次世界大战的深渊中挽救了美国。

时间线

- **1882年1月30日** 出生于纽约海德公园（Hyde Park）。
- **1990年** 就读于哈佛大学。
- **1905年** 与远房表妹埃莉诺·罗斯福（Eleanor Roosevelt）结婚。
- **1910年** 奇迹般地以民主党人身份当选纽约州参议员。
- **1913年** 被任命为海军助理部长。
- **1914—1918年** 因表现杰出，在第一次世界大战期间被认为是强有力的海军军官。
- **1921年** 患脊髓灰质炎，成为跛足，坐上轮椅。
- **1928年** 出任纽约州州长，在1930年再次当选。
- **1931年** 成立临时紧急救济署。
- **1932年** 以绝对优势击败胡佛，当选第32任美国总统，并开始实行"新政"。
- **1935年** 实行第二轮"新政"。
- **1936年** 再次当选总统。
- **1940年** 第三次当选总统。
- **1941年** 日本空袭珍珠港，将美国拖入第二次世界大战。
- **1944年** 第四次当选总统。
- **1945年4月12日** 在佐治亚州的温泉因突发脑出血去世。

新政

为帮助普通美国大众度过大萧条时期，罗斯福果断试行了**一系列失业救济与经济改革政策**，并组建**"智囊团"**。新政的大规模建设工作包括修建道路、桥梁、机场，以及自然保护区与文化设施等。

公共事业

水力发电大坝的修建为成千上万美国人提供了就业机会与低价电力；其他失业救济措施则涉及造林与防洪项目。

无线广播

罗斯福通过著名的"炉边谈话"加强与美国民众的联系，鼓舞大众，坚定了民心。

5
富兰克林·德拉诺·罗斯福是第26任美国总统**西奥多·罗斯福**的第5位**侄子**

4
美国唯一连任超过两届的总统，共**连任4届**

1300万
罗斯福首次当选总统时，美国**失业人数**高达1300万

210万
1935—1941年，每月平均有210万"新政"工作者

西班牙内战

西班牙内战始于一场军事政变，后演变为历史上最血腥的战争之一。

- **时间** 1936年7月18日—1939年4月1日
- **地点** 西班牙
- **参战方** 西班牙共和国政府对战民族主义起义者
- **伤亡统计** 人数只能粗略估算，应有100万
- **结果** 佛朗哥主导的民族主义专政

时间线

1936年
- 2月 左翼共和党险胜西班牙大选。
- 7月 弗朗西斯科·佛朗哥（Francisco Franco）发动军事政变，开始领导国民军占领西班牙。
- 10月 马德里被国民军包围。

1937年
- 3月8—27日 共和军迫使国民军撤至瓜达拉哈拉，但临近的马德里依旧受到国民军威胁。
- 4月26日 佛朗哥军队轰炸格尔尼卡（Guernica），造成数千人死亡；占领马拉加，又在共和军反击下从马德里撤退。

1938年
- 3月16—18日 佛朗哥军队轰炸巴塞罗那。

1939年
- 3月28日 佛朗哥军队攻下马德里。
- 4月1日 佛朗哥势力取得胜利。

背景

大萧条对西班牙造成了严重影响，而**国内受饿的失业者对责任的归咎看法不一**。

温和派和无政府主义者等组成的**共和党已然支离破碎**。**民族主义者**向来抵制共产主义，将共和党称为"赤色分子"，认为他们对国家建设和基督教信仰构成威胁。

民族主义者
通常有以下拥护者：
- 地主
- 商人
- 军队
- 天主教会

共和党
组成较为复杂，包括：
- 外国志愿者
- 城镇工人
- 劳工
- 中产阶级

纳粹援军
希特勒和墨索里尼均向民族主义者提供财政与军事方面的援助，而苏联则向共和党提供了部分支持。

领袖
国民军独裁者弗朗西斯科·佛朗哥自封为"领袖"。

1936年奥运会

1936年的柏林奥运会是史上第一届因人权问题而受到公众抵制的奥运会,直到希特勒不再利用这场运动会宣传人种优势与德国国力、粉饰纳粹的政治意图并允许所有选手参赛后,才如期举行。

时间 1936年8月1—16日　　**参赛国家数** 49　　**参赛运动员数** 4000

地点 柏林　　　　　　　　　　　　　　　　　　　**比赛项目数** 129

1931年,即**希特勒上台前两年,德国获得了奥运会主办权。**

"雅利安人种优越论"

纳粹利用奥运会大肆宣传雅利安人种优越的神话,将雅利安人视为具有完美体态特征的"最优"种族。

怨念种子

1933年4月,德国所有体育组织施行"仅限雅利安人"政策,禁止犹太人、罗姆人(吉卜赛人)等种族及其后裔参赛,并将**不符合纳粹标准的运动员从参赛队伍中除名。**

联合抵制

由于不满纳粹德国的做法,各国抵制柏林奥运会的浪潮汹涌,**迫使希特勒不得不收敛,允许犹太人参赛。**

迫于压力,德国派出具有犹太血统的击剑手海伦·梅耶(Helene Mayer)代表国家参赛,但要求她领奖时像其他德国获胜者一样行纳粹礼。

人民奥运会

在抵制官方奥运会的多国支持下,**另一场奥运会原计划在巴塞罗那举办**,因西班牙内战爆发而取消。

杰西·欧文斯

杰西·欧文斯(Jesse Owens)是第一个在一届奥运会上赢得四枚金牌的非洲裔美国人,被誉为"最佳田径运动员"。他证明希特勒的人种观念是错误的。

《奥林匹亚》

1938年,制片人莱妮·里芬斯塔尔(Leni Riefenstahl)推出为这次柏林奥运会拍摄的纪录片《奥林匹亚》,**为纳粹党进行宣传。**

德国在奥运会上展现出热情好客、爱好和平的表象。三年后,1939年9月1日,纳粹入侵波兰。

1936年奥运会相关数据

800
1936年7月16日,800名罗姆人在柏林被捕,被拘禁于郊区马察恩(Marzahn)

9
9名犹太运动员赢得奖牌

348
348名运动员来自纳粹德国

312
312名运动员来自美国,包括18名非洲裔美国人

"兴登堡号" 空难

1937年5月6日晚上7:25，航空器注册编号为LZ 129的"兴登堡号"（Hindenburg）飞艇试图在美国新泽西州莱克赫斯特（Lakehurst）降落时燃烧坠毁。

- **兴登堡号** 史上最大的巡逻飞艇
- **设计** 齐柏林硬式飞艇
- **登陆** 1936年3月，德国腓特烈港（Friedrichshafen）
- **最高速度** 78英里/小时
- **失火原因** 大气中的电荷和氢气泄漏

机载设施

- 加热的船舱里有72张客床
- 餐厅
- 休息室
- 写作室
- 酒吧
- 吸烟室
- 散步场所

惰性氦气最初被选取为飞艇提供浮力，但因成本极高而改用极其易燃的氢气。

"兴登堡号"曾经多次成功飞行，在德国与美国之间运送过数千名乘客。

1936年8月1日，"兴登堡号"飞越柏林奥林匹克体育场上空。

纳粹宣传

飞艇还曾经涂有纳粹标志，出现在纳粹纽伦堡党代会上。

电台直播

飞艇降落之际，WLS电台节目主持人赫伯·莫里森（Herb Morrison）正向新泽西州成千上万的听众直播实况。"天哪，上帝保佑！"他惊恐万分喊出的话充分体现了当时全球观众的感受。

1937年，"兴登堡号"单程票价为**450美元**（今7800美元/6000英镑）。

"兴登堡号"空难标志着飞艇作为商业运输工具的终结。

战乱年代

"兴登堡号"相关数据

61 名幸存者
- 22名乘务员
- 13名乘客
- 1名地面工作人员

61人幸存，36人身亡

飞艇起火时在距离地面**约200英尺**的高度；许多人从飞艇上跳下

因暴风雨造成**12小时**延误

4 4家新闻纪录片公司用相机记录下了第一场灾难

"兴登堡号"完全烧毁仅用**34秒**

第二次世界大战

1939—1945年，一场规模空前的战争冲突席卷全世界多数国家——由包括英、法、美、中、苏在内的同盟国抗击德国、意大利和日本组成的轴心国。

- **时间** 1939年9月3日—1945年8月15日
- **地点** 全世界
- **参战方** 轴心国对战同盟国
- **伤亡统计** 5000万～8000万
- **结果** 同盟国胜利

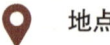

时间线

1939年9月1日 纳粹德国进攻波兰；9月3日，英法两国向德国宣战。

1940年 德军以闪电战术进攻比利时、荷兰与法国。同盟国军队从敦刻尔克撤退。

1941年 希特勒计划进攻苏联，并继续轰炸英国各市。日本偷袭珍珠港，使美国卷入战争。

1942年 日军占领新加坡，俘虏2.5万人；奥斯威辛等集中营开始大规模屠杀。

1943年 德军在斯大林格勒遭受决定性惨败；盟军进攻意大利，德军继续战斗；英军和印军在缅甸对抗日军。

1944年 盟军在诺曼底登陆，进攻当时被纳粹占领的法国；巴黎光复；美军解放了关岛。

1945年 奥斯威辛集中营被解放。苏军攻陷柏林；希特勒自杀；5月7日，德国投降；美国向日本广岛和长崎投放原子弹；8月14日，日本投降。

平静之下

1939年，在各国宣战后，轴心国与同盟国均开始默默武装自己，欧洲看似一片安宁。

闪电战

西欧城市在闪电战中遭到狂轰滥炸，盟军以牙还牙，空袭柏林、德累斯顿等德国城市。

战期宣传

战争期间，各方利用传单、海报等**进行宣传**。希特勒、温斯顿·丘吉尔、富兰克林·罗斯福等颇具影响力的领导人均利用新闻和广播等现代媒体来鼓舞民心，打击敌方士气。

空袭相关死亡统计

德国：54.3万人　英国：6.04万人
军队死亡人数："一战"95%，"二战"5%
平民死亡人数："一战"33%，"二战"67%

轴心国对战同盟国

支持德国、日本和意大利的国家对战包括美国、英国、法国与苏联在内的50多个国家。

破解恩尼格玛密码

在第二次世界大战中，最致命的危险之一是德国对英国运输商船的袭击。在德国密码被破解后，其U型潜艇才得以被成功拦截。

名称 政府密码学校

地点 英国米尔顿凯恩斯附近的布莱切利园（Bletchley Park）

任务 破解恩尼格玛密码

时间 1939—1946年

突破性进展

1941年5月9日，英国从拦截的德国U-110型潜艇上缴获密码本和恩尼格玛密码机。

布莱切利园有成千上万名工作人员，并且他们相互不知道彼此在进行的工作。由于无法谈论工作，他们便发展出了广泛而多样的社交活动。

恩尼格玛密码机

恩尼格玛密码机（Enigma）是**发明于20世纪20年代的信息自动加密器**，将键入的信息用不断变化的代码加密，并通过摩尔斯电码安全发送。代码会在每天午夜变更一次。

海豚（Dolphin）

用恩尼格玛代码加密，变为

鲨鱼（Shark）

破译英雄

包括数学家**艾伦·图灵（Alan Turing）**在内的一些破译者发明了一种名为"炸弹"的解码机。该设备能比人力更快地替换出消息中的高频字母。

丰碑 1944年，汤米·弗劳尔斯（Tommy Flowers）发明**世界上第一台**处理数字信息的实用**计算机**。

10000

1945年，有1万名员工在布莱切利从事破译工作，多数为女性

战乱年代

敦刻尔克大撤退

这是一场值得宣扬的奇迹——英勇的"小船"将大量盟军从敦刻尔克海岸救出，在奠定自己历史地位的同时，也为此付出了高昂代价。

"发电机行动"相关数据

8000
士兵在第一天获救

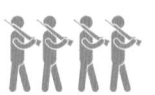

共有
338226
士兵获救

其中包括
140000
法国、波兰和比利时士兵

背景

英国远征军被迫撤退至法国北部的敦刻尔克镇（Dunkirk）。**在上级迫切希望将他们营救出来时，陷入绝望的士兵们从没想过还能脱离危险。**

"发电机行动"是一个风险很大的赌博。海军中将伯特伦·拉姆齐（Bertram Ramsay）必须召集一批驱逐舰，并助以现有的任何武器装备。

在陆地上，部分盟军仍在与德军惨烈交战；在天空中，英国皇家空军正与纳粹德国空军厮杀；在海滩上，大量盟军士兵秩序井然地排队等候撤退。许多士兵是从以防波堤、临时栈桥而闻名于世的敦刻尔克码头撤离的。

在接下来的一周里，各类船舶历经多次危险航程，**在德国不断轰炸中，将成千上万人救出。**

5月26日，星期天，933艘营救船从英国肯特郡的拉姆斯盖特（Ramsgate）驶往敦刻尔克，其中包括：
- 渡轮
- 明轮艇
- 沿岸贸易船
- 汽艇
- 拖船
- 游船
- 平底荷兰驳船
- 渔船
- 救生艇
- 私人游艇

其中许多船舶由平民船主驾驶。

有限成功

超过236艘船和数千人再也没有回到家园，其中包括"兰开斯特里亚号"（Lancastria）邮轮，**所载3500多人一同沉入大海。**

近14万英军士兵受困于法国，被俘虏或被迫投降，关在战俘营。6月4日，纳粹军队控制了敦刻尔克。

时至今日，"敦刻尔克精神"仍是勇敢面对逆境的代名词。

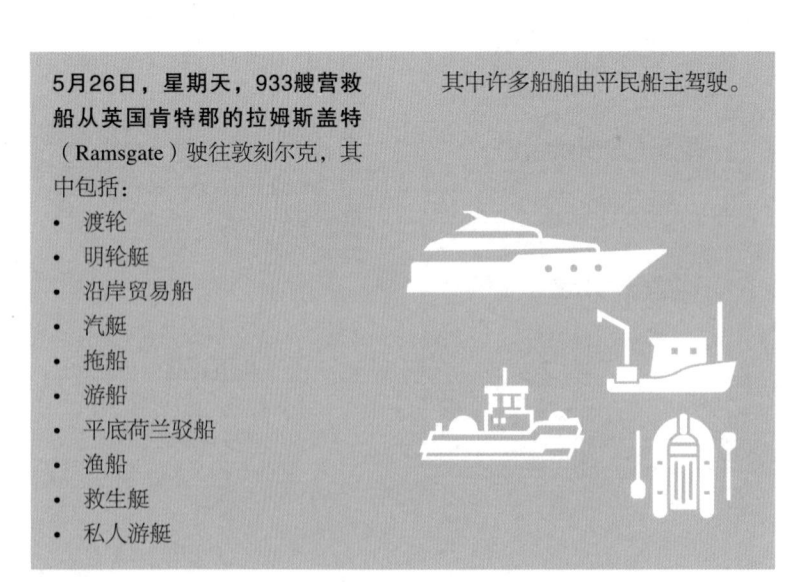

偷袭珍珠港

日本打算送给美国一个"惊喜"——在美国位于南太平洋的一座偏远岛屿的海军基地遭受两小时空袭之后,太平洋战争爆发,进一步将多国冲突演化为一场世界大战。

- **时间** 1941年12月7日,星期天
- **地点** 美国夏威夷欧胡岛(Oahu)
- **参战方** 日军对战美军
- **伤亡统计** 美军近2500人丧生,1000人受伤;日军64人丧生,1人被俘
- **结果** 美国加入第二次世界大战

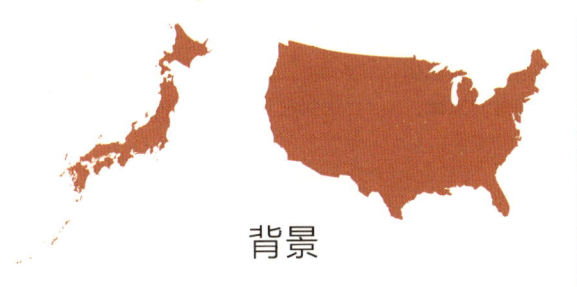

背景

日本和美国多年来一直将对方视为威胁。美国为防止日本势力向中国扩张,对其进行了严厉的打击。

日本想威慑美国,计划除掉南太平洋上可能削弱其地位的美国舰队。

偷袭

上午7:55 353架日本轰炸机飞到珍珠港,在防御较弱的基地上空投掷炸弹。

上午8:10 一颗炸弹击穿美国战舰"亚利桑那号"的甲板,引爆舰首弹药库。战舰爆炸,连同全舰1177人沉入大海。

上午8:54 第二次空袭开始。

2小时后 该基地的美国舰船均严重损坏或沉没。

小小安慰

对美国来说还算幸运的是,**该舰队的航空母舰当时并不在基地附近**。

美国震怒

1941年12月8日,美国总统富兰克林·德拉诺·罗斯福在愤怒的公众支持下,要求国会向日本宣战。

12月11日,日本盟国——意大利和德国,向美国宣战,第二次世界大战愈演愈烈。

战乱年代

格伦·米勒："二战"之声

尽管20世纪40年代的欧洲大陆仍然战火纷飞,但无线电收音机和影院还是将美国风格的音乐带到了气氛压抑、物资紧缺的英国。格伦·米勒(Glenn Miller)少校的大乐团正是其中的代表之一。

出生 1904年,美国艾奥瓦州

乐器 长号

首个大型乐队建立时间 1937年

去世 1944年,在巡演途中失踪

背景

20世纪30年代,爵士乐逐步被理解和接纳,乐队指导如**班尼·古德曼**(Benny Goodman)、**汤米·多尔西**(Tommy Dorsey)、**阿蒂·肖**(Artie Shaw)、**贝西伯爵**(Count Basie)和**埃林顿公爵**(Duke Ellington)等都引领着爵士乐潮流。

英国拥有自己的伴舞乐队,而**好莱坞则将美国大型乐队捧成了超级巨星**。

乐声

米勒独特的音乐风格包括由高音部的萨克斯管和单簧管演奏相同的旋律,而背景和声则由众多长号来演奏。

巨星陨落

1944年,**米勒乘坐的飞机在从英国飞往法国巴黎途中神秘失踪**,这件事使他的名字被更多人所知,而他的乐队唱片销量继而达到了数百万张。

1954年上映的电影《格伦·米勒传》是粗略根据米勒生平拍摄的,由詹姆斯·斯图尔特(James Stewart)出演这位伟大的乐队领袖。

参加美军

米勒在1942年参军,被分配到空军乐队。他巧妙利用大乐团的布鲁斯音色配合行军节奏,激发出军队高昂的斗志。

进军影视业

米勒带领的乐队参演了两部好莱坞电影——《太阳谷小夜曲》(1941)和《贤妻乐坊》(1942),还制作了数十首简短的配乐乐曲,多数与人声合唱团安德烈姐妹(The Andrews Sisters)共同完成。

战争年代的米勒作品

- 《月光小夜曲》
- 《开往查塔努加》
- 《兴致勃勃》
- 《美国巡逻队》
- 《宾夕法尼亚州6-5000》
- 《燕尾服交汇》
- 《一串珍珠》
- 《圣路易斯布鲁斯进行曲》

摇摆舞姿

驻军英国的美国大兵带来的新潮舞蹈令当地人耳目一新。爵士舞者跳着急促、动感的舞步,显得热情而性感。

诺曼底登陆

1944年，盟国计划了数月的最高机密战略进入关键时刻——"霸王行动"开启了第二次世界大战的最后阶段。

时间 1944年6月6日

地点 法国诺曼底海滩

盟军最高司令 德怀特·D.艾森豪威尔（Dwight D. Eisenhower）

盟军陆军元帅 伯纳德·劳·蒙哥马利（Bernard Law Montgomery）

时间线

- **00:00** "泰坦尼克行动"投下数百名伞兵假人，分散了敌军注意力。
- **00:01** 首次真实空降。
- **01:20** 海军展开突袭。
- **02:00** 英国派出第一批轰炸机。
- **02:51** 美国舰队在诺曼底海湾泊锚。
- **04:00** 盟军解放第一个城镇圣梅尔-埃格里斯（Sainte-Mère-Église）。
- **05:30** 盟军开始轰炸海滩。
- **06:00** 英国广播公司（BBC）电台警示诺曼底民众避难。
- **06:40** 德军增强防御。

背景

1943年，各方都明白盟军即将发起进攻，**只有少数人知道进攻的真正时间、地点与战术。**

坚忍行动

盟国政府故意散播虚假消息，通过虚假部署使敌方误以为盟军计划进攻的是法国的其他海岸或挪威。

抢滩登陆

陆军在代号分别为"犹他"（Utah）、"奥马哈"（Omaha）、"黄"（Gold）、"朱诺"（Juno）和"剑"（Sword）的五个海滩抢滩登陆，发起突袭，并集结形成统一登陆场。

奖章获得者

曾经在无线电台无法使用时传达密信的一只英国皇家空军战鸽后来获得了迪金勋章（Dickin Medal）。

- **08:20** 第一特遣队援兵登陆海滩，风笛手比尔·米林（Bill Millin）吹奏《高地少年》。
- **09:05** 阿道夫·希特勒仍认为盟军的真正进攻发生在其他地方。
- **12:07** 温斯顿·丘吉尔向下议院发表讲话。
- **13:00** 英国广播电台正式播报新闻。
- **21:00** 英国国王乔治六世（George Ⅵ）向全国发表讲话。
- **23:59** 15.9万同盟军士兵建立进攻据点；欧洲即将解放。

战乱年代

解放奥斯威辛

当历经残酷战火的苏联军队攻占纳粹建立的最大集中营奥斯威辛集中营时，目睹其中令人毛骨悚然的景象，切实感受到了从未有过的恐惧与压抑。

时间 1945年1月27日

地点 波兰克拉科夫以西37英里的奥斯威辛

奥斯威辛集中营 集中营、屠宰场和劳役的综合体

口号 "劳动带来自由"

后事发展 联合国教科文组织成立，将集中营里纳粹大屠杀的罪行公之于众

解放前

纳粹党卫队得知苏联军队正向集中营挺进后，开始疏散营地人员，**毁坏毒气室和焚尸炉，试图掩盖罪行。**

包括男女老少在内的6万多犯人被迫迁往30英里外的沃济斯瓦夫（Wodzislaw），超过1.5万犯人因冻饿而死，或因掉队被枪决。

苏军其他发现

- 7吨头发
- 镶金部分已被熔掉的牙齿
- 数千套儿童囚服

解放后

苏联红军发现近3000名受饿、死亡和濒死的犯人，多数为犹太人，也包括政治犯、同性恋者和外来移民。

幸存者经历

波兰政治犯约瑟夫·帕钦斯基（Jozef Paczynski）在1940年6月被送入奥斯威辛集中营，担任鲁道夫·霍斯（Rudolf Höss）的私人理发师。他在集中营里生活了四年半，后来被美军释放，活到了95岁。

6000	400万	100万~150万
每天约有6000名犯人死于毒气室	1940—1945年间，约400万犯人被送往奥斯威辛集中营	约100万~150万犯人在该集中营惨遭屠杀

欧洲战场胜利日

在世界饱受战争摧残6年后，盟军终于迎来欧洲战场胜利日，盟国民众纷纷举行盛大的欢庆与纪念活动。

时间 1945年5月8日

时间线

- **4月30日** 希特勒自杀。

- **5月4日** 英国元帅蒙哥马利接受荷兰、德国西北部和丹麦德军的无条件投降。

- **5月7日** 艾森豪威尔司令接受其余德军的无条件投降。

  英国广播公司的新闻快报宣布次日为国家假日；常规报刊停印，发行特刊。

- **5月8日** 丘吉尔在下午3:00在白金汉宫阳台上向英国民众发表讲话；王室成员在阳台上出现8次；伊丽莎白（Elizabeth）和玛格丽特（Margaret）公主进入人群一同庆祝。

盟国民众感到胜利就在眼前，已经纷纷搭好帐篷，等待狂欢时刻到来。

迫不及待

部分群众已经点燃篝火，载歌载舞，在酒吧捧杯，直接开始庆祝活动。

狂欢供应

英国首相丘吉尔增加啤酒供应，人们无需配给券便能购买红色、白色和蓝色的彩旗。

普天同庆

英国
国内举行了感恩节仪式、游行和盛大的街头派对活动。人们在大街小巷和着留声机唱片与手风琴的音乐起舞。

美国
因罗斯福总统刚刚去世，国内喜庆氛围略受影响，但繁华的纽约大街依然有欢庆起舞的人群，尤其是时代广场。

法国巴黎
据说在刚解放的巴黎，狂欢的人群挤满了街上的每个角落，几乎没有空间可以移动。

由于时区差异，新西兰在5月9日才举行庆典。

实际上

欧洲战场胜利日并非第二次世界大战的结束日期——直至8月15日抗日胜利日，人们才迎来了真正的和平。直到1954年，英国还在努力为许多在战争中失去至亲的民众解决温饱问题。

战乱年代

广　岛

1945年8月6日，当地时间8:16，美国B-29轰炸机"艾诺拉·盖号"（Enola Gay）在日本广岛上空投下世界上第一枚原子弹"小男孩"。

约29万
平民居住在广岛

广岛200名医生只有 **20** 人幸存

若广岛起雾，则 **小仓市与长崎市** 变为投弹目标

6万~8万
民众死于原子弹爆炸，还有成千上万人在数月和数年后因核辐射死亡

背景

美军一直使用常规武器轰炸日本，但后者仍然拒不投降。美国时任总统哈里·S. 杜鲁门（Harry S. Truman）认为必须采取更激进的手段——展开大规模进攻（代号"没落行动"），或投放原子弹。

曼哈顿计划

美国政府担心纳粹已经着手研发核武器，于是启动了原子弹研制计划，将核裂变用于军事目的。

影响

投掷原子弹"小男孩"的空军准将保罗·蒂贝兹（Paul Tibbets）和他的队员们在庆祝胜利的队伍中穿过纽约市。但是，直到美国向长崎投放被称为"胖子"的第二枚原子弹后，日本才最终投降。

广岛的一座圆顶展览馆在这场灾难中留存下来，现成为和平纪念馆。

核爆实景

据目击者描述，爆炸先产生刺眼的闪光，紧接着传来巨响。最初的毁灭性爆炸使许多人当场被焚化，而人眼在辐射光的影响下看到灼烧物体留下幽灵般诡异的"斑影"；许多未被炸死的人丧生于遍地的大火。

为何选择广岛？

传统港口城市广岛是日本供应链的重要组成部分，还未被轰炸过。杜鲁门想要证明原子弹的威力足以摧毁一个"完好"的区域。

冷战时代

虽然美国与苏联曾在第二次世界大战中组成同盟国并肩作战，但两国政治主张大相径庭。"二战"结束后，双方之间的猜忌越发严重。

面对苏联领导人约瑟夫·斯大林的高压统治，**美国反对共产主义，并担心会破坏世界稳定。**

美国拒绝苏维埃社会主义共和国联盟（USSR，苏联全称）**加入北大西洋公约组织。**

时间线

- **1947年** 美国总统哈里·杜鲁门向国会宣布支持"自由国家人民抵抗少数武装分子"，实际是压制共产主义发展。
- **1950—1953年** 朝鲜战争发生。
- **1962年** 古巴导弹危机发生。
- **1972年** 美国时任总统尼克松的"缓和"政策缓解了核战争的威胁。
- **1983年** 美国时任总统里根（Reagan）的"战略防御计划"（又称"星球大战"）再次加剧了冷战。
- **1985年** 苏联领导人米哈伊尔·戈尔巴乔夫（Mikhail Gorbachev）打开了新局面。
- **1989年** 柏林墙倒塌，冷战结束。

由于美苏两国均有核武器，因此冷战形势十分危险。双方关系恶化，意味着核军备竞赛加剧。

氢弹

1952年，美国在埃内韦塔克环礁（Enewetak Atoll）进行了首次氢弹试验。爆炸制造了一个面积为25平方英里的大火球，整座小岛瞬间消失。

预警

心惊胆战的美国民众，在自家后花园挖防空洞并储存补给品，而孩子们则在学校里进行核战演习。

美国国会拨款 **1亿美元** 建造公共防空洞

太空竞赛

随着美苏两国在太空探索上取得进展，对太空技术与其潜在军事能力的掌控变得至关重要。**两国开始争相将人类送上太空。**

人造卫星

苏联在1957年10月4日向太空发射了世界上第一颗人造卫星——"斯普尼克1号"（Sputnik 1）。

1957年11月3日，苏联向太空发射了第二颗人造卫星"斯普尼克2号"（Sputnik 2），上面还搭载着名叫莱卡（Laika）的小狗。它成为第一个出现在太空的地球动物。

印度独立

在东印度公司影响下，印度遭到腐败、暴力与苛捐杂税的伤害。英国政府在1857年控制了印度，而印度人民渴望拥有自主权。

时间线

- **1885年** 印度国民大会党（简称"国大党"）成立。
- **1919年** 印度阿姆利则（Amritsar）的锡克教徒（Sikhs）遭到英国驻军血腥屠杀，引起民愤。
- **1920年** "圣雄甘地"号召印度人民发动对抗英国的"非暴力不合作运动"。
- **1939年** 印度被迫参加第二次世界大战。
- **1940年**《拉哈尔决议》通过。
- **1942年** 尼赫鲁和甘地因参与组织"退出印度"的独立运动而被捕。
- **1946年** 大英帝国驻印度的最后一任总督蒙巴顿勋爵（Lord Mountbatten）被派往印度移交政权。
- **1947年8月15日** 印度宣布独立。在巴基斯坦从印度脱离期间，共有数十万人丧生。

印度国民大会党

以"圣雄甘地"和贾瓦哈拉尔·尼赫鲁（Jawaharlal Nehru）为首的印度国民大会党坚决反对战争。

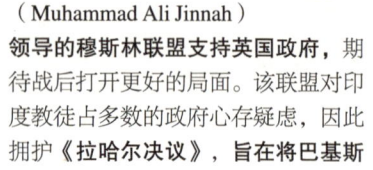

退出印度

"退出印度"是基于"非暴力抵抗"与"追求真理"的公民运动。

非暴力抵抗手段

- 罢工
- 购买印度制造的服装
- 自制盐（避税）
- 拒绝遵守英国法律

穆斯林联盟

穆罕默德·阿里·真纳（Muhammad Ali Jinnah） 领导的穆斯林联盟支持英国政府，期待战后打开更好的局面。该联盟对印度教徒占多数的政府心存疑虑，因此拥护《拉哈尔决议》，旨在将巴基斯坦建立为独立的穆斯林国家。

尽管甘地强烈反对暴力，但他的许多拥护者与其他宗教团体还是发生了冲突。

"二战"后，英国政府无力控制所有殖民地，选择放弃印度，而似乎最妥善的方法就是印巴分治。

印巴分治

1947年，根据"蒙巴顿方案"，英国政府按居民宗教信仰将英属印度分为印度联邦和巴基斯坦两个自治领，予以"分而治之"。1950年和1956年，印度和巴基斯坦先后宣布成为共和国。

印巴战争

印巴分治后，两国因克什米尔归属问题，先后爆发三次战争：第一次发生于1947年10月，第二次发生于1965年9月，第三次发生于1971年11月。1972年，原属巴基斯坦的东巴基斯坦成立孟加拉国。

圣雄甘地

莫罕达斯·卡拉姆昌德·甘地（Mohandas Karamchand Gandhi）为争取印度独立进行了非常著名的非暴力斗争，被誉为"印度国父"，是20世纪最知名的伟人之一。

时间线

1869年10月2日 甘地在印度博尔本德尔（Porbandar）出生。

1888年 远涉重洋，赴英国伦敦学习法律。

1893—1914年 在南非担任律师，制定和平抗议策略。

1897年 在南非德班遭到白人暴徒袭击，但他并未起诉对方。

1906年 领导印度人在南非约翰内斯堡举行大规模抗议活动。

1920年 400名锡克教徒遭屠杀，甘地重建印度国民大会党，开始从英国手中争取印度独立。

1922—1924年 因叛乱罪被判处6年监禁。

1930年 组织"食盐长征"，抵制英国征收盐税。

圣雄 = "伟大的精神领袖"

早年经历

甘地的父亲曾是印度西部博尔本德尔土邦的首相，母亲是虔诚的印度教徒。**身为印度教徒的甘地从小受到耆那教（Jainism）的"非暴力"思想影响。**

南非

甘地在南非领导了反对种族歧视的非暴力斗争。 在他通过谈判达成暂时的和平前，包括他自己在内的数百名印度人曾经被捕入狱、遭受鞭打，有的甚至被枪决。

不执取

甘地奉行的梵文戒律"Aparigraha"一词意为"不执取"。**他拒绝占有物质（金钱和财产）。** 他信奉的另一个信条"Samabhava"（平等对待）则意为从容面对自己的境遇，无论好坏。

分治

印度在独立的同时被分割，这使甘地痛心疾首，但他还是拼尽全力平息暴力活动。

1931年 出席伦敦圆桌会议，在返程途中被捕入狱。

1932年 在狱中绝食抗议。

1934年 退出印度国大党，为农村贫困人口做斗争。

1939年 强烈反对印度参加第二次世界大战。

1942年 要求英国"退出印度"。

1945年 英国同意印度独立，但坚持分治政策。

1948年1月30日 甘地遭印度教徒刺杀身亡。

在"食盐长征"中，
6万
甘地信众被捕

征服珠穆朗玛峰

几千年来，人们一直认为登上地球最高的珠穆朗玛峰顶是不可能的事。然而，1953年，在强大的英国探险队的援助下，两名登山运动员颠覆了这个观念。

时间线

- 5月29日 29029英尺——希拉里和丹增在11:30登上珠峰山顶，待了15分钟
- 5月21日 26000英尺——到达氧气不足以维持生命的"死亡地带"
- 5月20日 24500英尺
- 5月17日 24000英尺
- 5月4日 23000英尺
- 5月3日 22000英尺
- 5月1日 21300英尺
- 4月22日 20200英尺
- 4月15日 登山者抵达海拔19400英尺的高度
- 4月12日 探险队在海拔17900英尺处扎营
- 1953年3月10日 探险队出发

登山队

由约翰·亨特上校（John Hunt）带领的探险队包括11名英国登山运动员、2名新西兰人、20名夏尔巴（Sherpa）向导、362名搬运工、《泰晤士报》的一名记者和一群牦牛。

探险队携带1万磅重的补给品，从加德满都出发。

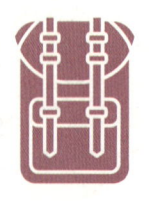

珠峰征服者

艾德蒙·希拉里
（Edmund Hillary，1919—2008）
新西兰人

丹增·诺盖
（Tenzing Norgay，1914—1986）
尼泊尔人

两名英国登山运动员——汤姆·布迪伦（Tom Bourdillon）和查尔斯·埃文斯（Charles Evans）被选中进行登顶冲刺，但因筋疲力尽被迫折返。次日，两名他国登山者征服了珠峰。

征服珠峰的消息及时传回英国，正好赶上6月2日英国女王伊丽莎白二世的加冕典礼。这是《泰晤士报》的独家新闻，也是最后一条被接力传递的加密信息。

伊丽莎白二世加冕

1952年2月,英国国王乔治六世去世。1953年,他的女儿伊丽莎白加冕为王,预示着历经战火的英国即将迎来光明的新起点。

- 日期 1953年6月2日
- 开始时间 上午11:15
- 宾客数 8251
- 各国代表数 129
- 时长 近3小时

伊丽莎白生来并非王位继任者,叔叔爱德华八世(Edward Ⅷ)退位使她的父亲成了国王。新王室在第二次世界大战中表现出色,因而大受欢迎。

登上荧幕

伊丽莎白的加冕礼是**史上首个登上荧幕的登基仪式**。大多数人当时还没有电视机,但随着人们热情的高涨,电视机一度畅销——街坊邻里纷纷聚集在电视屏幕前观看这一重大场景。

街头派对

许多民众延续第二次世界大战结束时的狂欢潮流,在街头举行派对。尽管英国仍在为解决民众温饱大伤脑筋,在庆典之际,**每户还是可以多领1磅糖和4盎司人造黄油**。庆典台架均以红、白、蓝三色装饰。

加冕仪式

坎特伯雷大主教在已有900年历史的威斯敏斯特大教堂主持加冕礼。伊丽莎白身穿**由诺曼·哈特内尔(Norman Hartnell)设计、绣着英联邦标志的白色缎面长裙**,等待加冕成为第39任英国君主(第6任英国女王)。

加冕典礼相关数据

7小时
英国广播公司持续播报时间

2700万
2700万英国人在荧幕前观看

1100万
1000万人收听电台广播

14英寸
当时最流行的电视规格

8
8匹灰色骏马拉着伊丽莎白乘坐的王室金马车

92个国家的 **2000**名记者 **500**名摄影师 记录盛况

82
82份烤牛肉许可证被颁发给拥有烤牛肉资质的申请者

冷战时代至今

众议院非美活动调查委员会

随着美苏冷战加剧，美国政府愈发在意国内共产主义者构成的威胁。

时间线

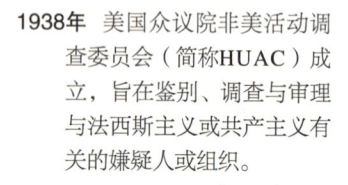

- **1938年** 美国众议院非美活动调查委员会（简称HUAC）成立，旨在鉴别、调查与审理与法西斯主义或共产主义有关的嫌疑人或组织。

- **20世纪30—40年代** HUAC的调查包括知名度较高的艺人。

- **1950—1954年** "麦卡锡主义"顶峰时期。

- **20世纪60年代** HUAC的影响力逐渐衰退。

- **1969年** HUAC更名为"众议院内部安全委员会"。

- **1975年** 委员会解散。

"红色威胁"

美国**舆论导向促使民众相信共产主义构成了人身自由与国家安全之间的矛盾**，尽管许多人认为这种观点违背赋予公民言论自由和集会自由的《宪法第一修正案》。

麦卡锡主义

麦卡锡主义源于**参议员约瑟夫·麦卡锡（Joseph McCarthy）**，许多**联邦政府人员被指控，共产主义者遭受迫害**。受质疑者纷纷失业，并被列入招聘黑名单。1954年，国会参议院**谴责麦卡锡的激进策略有违道德**。

麦卡锡策略

人们被传唤并质询其政治信仰，若拒绝回答，可能因"蔑视政权"而入狱，而后被命令招供出其他相关人士的姓名。被指控的人也会遭到迫害。

阿尔杰·希斯

1948年，政府官员阿尔杰·希斯（Alger Hiss）**被指控为间谍，并被定罪**。他在狱中服刑44个月，穷其一生证明自己清白。

好莱坞黑名单

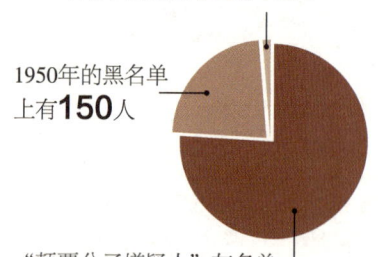

- 1947年最早的黑名单上有**10人**
- 1950年的黑名单上有**150人**
- "颠覆分子嫌疑人"灰名单上有**500人**

好莱坞十君子

1947年，有41位编剧、导演和制片人被传唤。承认自己是共产党员的人在供出"同伙"后才可回岗工作。

有10人因拒绝配合而受到以下惩罚：

- **1000美元罚款**
  （今11000美元/8500英镑）
- 最高1年监禁
- 逐出好莱坞

四分钟一英里

多数人认为,在短短四分钟内奔跑一英里超出了人类极限,直至1954年的一个大风天……

- **时间** 1954年5月6日
- **地点** 英国牛津大学伊夫雷(Iffley)跑道
- **跑步者** 罗杰·班尼斯特(Roger Bannister)
- **领跑员** 克里斯·布拉什(Chris Brasher)、克里斯·查塔威(Chris Chataway)
- **用时** 3分59.4秒
- **观众数** 3000

罗杰·班尼斯特

这位年仅24岁的医学专业学生曾在牛津大学学习,后于1954年成为一名神经病学家。1975年,班尼斯特被封为骑士。

赛跑

英国业余体育协会在牛津举行的一次年度比赛中,班尼斯特打破了纪录。这场比赛由克里斯·布拉什领跑,然后与克里斯·查塔威交接,最后由班尼斯特完成爆发冲刺。班尼斯特飞速越过终点线时,撞进了一位朋友的怀抱。

人能在三分钟内跑完一英里吗?

一英里既比冲刺短跑的距离长,又比平稳长跑的距离短,非常依赖跑步运动员的肺活量。运动员可能在耗尽能量前,用尽肺部和肌肉中的氧气,因此三分钟内跑完一英里几乎不可能。

之后创下的世界纪录:

3:57.9	3:48.4	3:47.33	3:46.32	3:44.39	3:43.13
约翰·兰迪 (John Landy)	史蒂夫·奥韦特 (Steve Ovett)	塞巴斯蒂安·科 (Sebastian Coe)	史蒂夫·克拉姆 (Steve Cram)	努内迪内·莫塞利 (Noureddine Morceli)	希查姆·埃尔·盖鲁伊 (Hicham El Guerrouj)
澳大利亚人	英国人	英国人	英国人	阿尔及利亚人	摩洛哥人
1954年6月	1981年8月	1981年8月	1985年7月	1993年9月	1999年7月

肾移植首次成功

1954年12月23日，罗纳德·赫里克（Ronald Herrick）向因肾衰竭而濒死的双胞胎兄弟理查德·赫里克（Richard Herrick）捐献了肾脏。当时，罗纳德并不确定这项手术是否会成功，或者理查德是否能够挺过手术。

时间线

1954年 约瑟夫·爱德华·默里在波士顿彼得·本特·布莱根医院（Peter Bent Brigham Hospital）进行首次肾移植手术，轰动一时。

1959年 默里在赫里克双胞胎之间首次成功完成肾移植。

1962年 默里首次成功将死者肾脏移植给病人。

1990年 默里与另一位肾移植先驱爱德华·唐纳尔·托马斯（Edward Donnall Thomas）共同获得诺贝尔生理学或医学奖。

概念

外科医生约瑟夫·爱德华·默里（Joseph Edward Murray，1919—2012） 在给"二战"中受伤的士兵进行皮肤移植时，发现**这种手术仅适用于同卵双胞胎**，于是猜测内部器官移植是否同理。

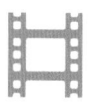

媒体压力

媒体事先发现默里要进行这项手术，引用其他医生的观点进行评价：内脏移植有悖伦理，而且注定会失败。

伦理问题

默里意识到，自己的做法是在让一个健康的人为他人承担风险，因此感到愧疚与困惑。他咨询医师、神职人员和律师，然后将这项手术推荐给赫里克一家。而理查德反对这个想法。

手术

当默里的医护团队为理查德接受手术做好准备后，J. 哈特韦尔·哈里森（J. Hartwell Harrison）的团队在距离50码（150英尺）处摘除了罗纳德的一个肾脏，然后移植到理查德体内。

赫里克双胞胎接受手术时年仅 **23**岁

经**17**项测试确定两兄弟为同卵双胞胎

手术用时 **5.5小时**

此后在美国有超过 **45万** 台肾移植手术

术后，兄弟俩住院休养 **1个月**

理查德·赫里克的生命延长了 **8年**

作为一个农民和教师，罗纳德在术后仍活了 **56年**

埃尔维斯·普雷斯利

埃尔维斯·普雷斯利（Elvis Presley）将比尔·海利（Bill Haley）与彗星合唱团（Comets）的明快旋律与黑人音乐家较为深沉、忧郁的曲风相结合，带来了新一代年轻人喜爱的摇滚乐。

时间线

- **1935年1月8日** 普雷斯利在美国密西西比州图珀洛（Tupelo）出生。
- **1946年** 买了第一把吉他。
- **1953年** 为《我的快乐》与《你开始心痛的时候》两首歌制作了样本唱片。
- **1954年** 在萨姆·菲利普斯（Sam Phillips）工作室录制了一张样本唱片。
- **1955年** 经纪人汤姆·帕克（Tom Parker）促成普雷斯利加盟RCA（Radio Corporation of America）唱片公司。
- **1956年** 普雷斯利的歌曲《心碎旅馆》销量超过100万张，他的首张专辑《埃尔维斯·普雷斯利》位居美国公告牌榜首。此外，普雷斯利还现身电视节目"艾德·沙利文秀"（Ed Sullivan Show），他的电影《兄弟情深》也在同年上映。
- **1957年** 买下优雅园（Graceland）。
- **1958年** 参军。
- **1960年** 退役，继续从事唱片录制与电影事业。
- **1968年** 因电影利润下滑，普雷斯利通过电视节目重返音乐圈。
- **1969年** 拉斯维加斯演唱会打破上座纪录。
- **1977年8月16日** 在美国田纳西州孟菲斯去世。

早年经历

普雷斯利早年一贫如洗，家中的地面是光秃秃的土地。

本土音乐

普雷斯利很喜欢五旬节（也称圣灵降临节）时在家里听到的福音音乐和在孟菲斯市比尔街俱乐部听到的乡村蓝调音乐。部分黑人艺术家录制了普雷斯利的许多早期歌曲，但未能像身为白人的普雷斯利那样享受到唱片播送时段。

激情

电视观众特别喜欢埃尔维斯剧烈扭动臀部的舞姿，因此镜头通常从他的腰部开始拍摄。

"上校"汤姆·帕克

帕克（绰号"上校"）原为狂欢节表演者。成为经纪人后，他谨慎掌控普雷斯利的事业，收取其所赚利润的50%作为酬劳。

埃尔维斯购买的第一把吉他售价 **7.90美元**

1973年，埃尔维斯在夏威夷举办演唱会，通过电视节目《埃尔维斯：通过卫星传达来自夏威夷的问候》向**40**个国家实况转播，取得了至少10亿~15亿的收视量。

贝 利

贝利（Pelé）更正式的名称是埃德森·阿兰特斯·多·纳西门托（Edison Arantes do Nascimento）。他被誉为"黑珍珠"，堪称世界上最著名的运动员。

时间线

- **1940年10月23日** 贝利在巴西特雷斯克拉克斯（Três Corações）出生。

- **1956年** 频繁被圣保罗州的主要足球俱乐部拒绝，后加入桑托斯足球俱乐部（Santos FC）。

- **1958年** 与巴西足球队共同赢得世界杯。

- **1962年** 与巴西足球队共同赢得世界杯。

- **1969年11月20日** 在表现出色的第909场比赛中，踢进第1000个球。

- **1970年** 与巴西足球队共同赢得世界杯。

- **1974年** 宣布退役，又同意以700万美元的身价加盟纽约宇宙队（New York Cosmos）。

- **1977年** 纽约宇宙队赢得联赛冠军，贝利终于退役。

- **1978年** 因与联合国儿童基金会做出卓越贡献而荣获国际和平奖。

- **1980年** 被法国《队报》评为20世纪最佳运动员。

- **1999年** 被国际奥委会评为20世纪最佳运动员之一。

贝利作为左内锋，为桑托斯足球俱乐部赢得

9届圣保罗州足球联赛冠军

2个奖杯

贝利在**17**岁时首次参加世界杯

1958年世界杯（瑞典）

贝利在对阵法国的半决赛中上演"帽子戏法"，并在对阵瑞典的决赛中打进两球，最终巴西以5比2战胜瑞典

1962年世界杯（智利）

贝利在第二场比赛中因腿部伤势提前下场，但仍旧激励球队赢得比赛

1970年世界杯（墨西哥）

贝利在短暂考虑退役后，又参赛为巴西队打进一球，最终以4比1战胜意大利

1967年，尼日利亚内战双方为观看贝利参加的球赛，紧急停战
48小时

遨游太空第一人

美苏冷战给世界造成诸多纷扰，也给人类带来了积极影响。无论遨游太空第一人来自哪个国家，这项成就都是人类科技发展的一大进步。

- **遨游太空第一人** 尤里·加加林（Yuri Gagarin）
- **出生** 1934年3月9日，苏联吉兹哈斯克（Gzhatsk）
- **去世** 1968年3月27日，苏联莫斯科附近
- **职业** 测试飞行员兼工业技术员
- **太空船** 东方1号（Vostok 1）
- **时间** 1961年4月12日
- **任务** 绕地球飞行
- **发射地** 哈萨克斯坦南部拜科努尔航天发射场
- **到达海拔高度** 187.5英里
- **太空飞行时间** 108分钟

谢尔盖·帕夫洛维奇·科罗廖夫

谢尔盖·帕夫洛维奇·科罗廖夫（Sergei Pavlovich Korolev）在成为卫星运载火箭与航天飞船总设计师前，曾是劳教所中的囚犯，是"大清洗"的受害者之一。他制造了带核弹头的火箭，用"东方1号"代替核弹头的位置，将这颗卫星送入太空轨道。他还先后首次将动物和人类送上太空。

反响

苏联，甚至全世界都将加加林视为伟人。

美国回应

1961年8月，宇航员戈尔曼·季托夫（Gherman Titov）乘坐"东方2号"（Vostok 2）在**太空中飞行了25小时，绕行地球17次**，这更令美国感到屈辱。

美国时任总统约翰·肯尼迪意识到，在这场国际宣传战中，他必须做得更好。1961年5月25日，他向国会宣布了一个新目标——将人类送上月球。

古巴导弹危机

1962年，在美国与苏联关系紧张的几周里，两国进行了一场危险的核武器博弈。

时间 1962年10月14—28日

地点 古巴

对立者 美国总统约翰·肯尼迪对阵苏共中央主席团第一书记尼基塔·赫鲁晓夫（Nikita Khrushchev）

结果 双方各退一步

时间线

10月14日 美国间谍飞机在古巴拍摄到苏联部署中程导弹。

10月16日 美国国家安全委员会执行委员会开会讨论可行措施。

10月17日 分析显示，苏联在古巴还部署了远程导弹。

10月18日 苏联外交部长安德烈·葛罗米柯（Andrei Gromyko）表示这些导弹仅用于防御。

10月20日 执行委员会建议封锁古巴。

10月22日 肯尼迪总统在电视上向全国发表讲话，并要求苏联撤走导弹。

10月26日 执行委员会讨论进攻古巴，并且清楚这可能引发战争。

背景

1961年4月，美国中央情报局（CIA）协助1400名古巴流亡分子向古巴猪湾（Bay of Pigs）发动入侵，但被卡斯特罗的革命军轻易击退。美国与古巴的关系进一步恶化。

执行委员会

美国国家安全委员会执行委员会建立的目的是**在危机期间做出最佳决策**。

美国备战

4支预防空袭的空军战术中队前往佛罗里达州
10万大军预备进攻
180艘海军舰船前往加勒比海
4万名海军陆战队员预备登陆
B-52轰炸机装载核武器

10月27日 美国飞行员鲁道夫·安德森（Rudolf Anderson）少校在苏联领空驾驶飞机被防御导弹击中身亡，但这并非出自赫鲁晓夫的指示。双方意识到局势的危险性。

10月27日 肯尼迪表示，只要赫鲁晓夫撤走苏联导弹，美国就不会进攻古巴。

10月28日 莫斯科电台广播赫鲁晓夫同意撤走导弹的公开信，核战争因此避免。

两国均认识到古巴导弹事件造成的危机，在之后一年内签署了《部分禁止核试验条约》，并在华盛顿与莫斯科之间设立了专门的外交热线。

避孕药

史上鲜有单项医学进步能够对一代人造成影响，避孕药则是其中之一。它带来"解放"，瞬间成为全球数百万妇女的由衷之选。

- **药品** 口服激素类可逆避孕药
- **原理** 模仿怀孕机制，使身体抑制排卵
- **替代措施** 避孕套、避孕隔膜、禁欲
- **1916年** 玛格丽特·桑格（Margaret Sanger）因开设节育诊所被判入狱30天

时间线

20世纪50年代 格雷戈里·平克斯（Gregory Pincus）博士领导的团队在玛格丽特·桑格资助下，研发出避孕药。

1960年 赛尔公司（Searle）生产的避孕药安无妊（Enovid）被美国食品药品监督管理局批准。

1961年12月4日 英国国家医疗服务体系批准已婚妇女服用避孕药。

120万
避孕药上市2年内，约有120万美国妇女服用

1亿
全球约有1亿妇女服用

女权主义
妇女摆脱生育负担，**得以在职场发挥更多作用**，进而**在社会中拥有更多发言权**。

道德
避孕药引发道德争论，从理论上说，人们可以沉迷于性而不计后果。为此，许多人反对未婚妇女服用避孕药。

自由性爱
部分妇女因避孕药带来的**"自由性爱"**文化激发的更多性生活而**感到压力**。

健康恐慌
人们一直担忧避孕药带来的健康问题，尤其是对吸烟女性。但是，这种药确实在一定程度上有益健康。

普罗富莫事件

在"摇摆的六十年代",一件詹姆斯·邦德似的性与间谍丑闻轰动英国。但是,这位内阁大臣因1961年的婚外情事件倒台的真相至今尚未被完全揭露。

"主人公"

约翰·普罗富莫,别名"杰克"
(John "Jack" Profumo)
陆军大臣

克莉丝汀·基勒
(Christine Keeler)
穆雷歌舞俱乐部的表演者

曼蒂·莱斯-戴维斯
(Mandy Rice-Davies)
证人,基勒的朋友

斯蒂芬·沃德
(Stephen Ward)
著名整骨医生,颇具影响力,被称为"修复者"

叶夫根尼·伊凡诺夫(Yevgeny Ivanov)
苏联高级海军武官

"摇摆"伦敦

斯蒂芬·沃德和新欢克里斯汀·基勒享受的快节奏都市生活方式——蓬松的头发、墨镜、跑车和泳池,成为这座耀眼城市的缩影。

寒意蔓延

美苏冷战之寒进入伦敦的浮华生活中,**妄想在享乐主义中滋生——任何人都可能是间谍。**

泳池派对

阿斯特(Astor)子爵的宾客在其白金汉郡克莱夫顿庄园(Cliveden House)里享用晚宴时,听到屋外的泳池传来欢叫声,闻声而去,发现了正在戏水的沃德与基勒。

危险关系

内阁大臣约翰·普罗富莫是宴会的一位贵宾。他对基勒一见钟情,两人发生了短暂的婚外情。不幸的是,基勒同时与苏联军官叶夫根尼·伊凡诺夫有染。

花边新闻

普罗富莫与基勒之前的婚外情很快在公众间流传,还被一家花边新闻媒体利用,以国家安全为由进行炒作。1963年6月4日,普罗富莫被迫辞职。

沃德被友人唾弃,遭到起诉。他在保释期间**因服用过量安眠药身亡**——目前不清楚这是自杀还是他人所为。

只有**6**人出席斯蒂芬·沃德的葬礼

2046

普罗富莫事件的详情将于2046年公开

古巴革命

20世纪50年代，古巴政局经历了半个世纪的动荡之后，一个独裁者引发的革命。

富尔亨西奥·巴蒂斯塔

富尔亨西奥·巴蒂斯塔（Fulgencio Batista）在1933年发动军事政变，后当选古巴总统。1952年，他再次发动军事政变，成为独裁者。

菲德尔·卡斯特罗

菲德尔·卡斯特罗（Fidel Castro）原为律师，参加了1952年的总统大选。在巴蒂斯塔掌权后，**卡斯特罗决心反抗独裁统治**。

1953年

7月26日，菲德尔·卡斯特罗和兄弟劳尔·卡斯特罗（Raúl Castro）率领160名起义军攻打兵营，以失败告终；**两兄弟被监禁**。

1955年

两兄弟在被流放至墨西哥期间，**遇到满怀革命理想的阿根廷医生埃内斯托·切·格瓦拉**（Ernesto "Che" Guevara）。

1956年

卡斯特罗兄弟与切·格瓦拉率领79名武装人员进攻古巴，战败后被迫撤军。

1957年

学生抗议者攻打总统府；各工会呼吁集体罢工；在遭受投弹、纵火等攻击下，巴蒂斯塔政权开始动摇。

1958年

美国对古巴实行武器禁运，变相削弱了巴蒂斯塔的统治。

卡斯特罗的革命军逐渐壮大，**在拉普拉塔战役**（Battle of La Plata）**中击败了巴蒂斯塔发动的"夏季攻势"**。

切·格瓦拉的革命军占领了圣克拉拉市。

1959年

1月1日 巴蒂斯塔逃离古巴。

1月3日 切·格瓦拉率领革命军占领首都哈瓦那。

2月16日 菲德尔·卡斯特罗出任政府总理，兼武装部队总司令。

"七二六运动"

1953年，卡斯特罗兄弟在塞拉山脉发动游击战，攻打军营，但以失败告终。"七二六运动"这一组织就得名于这一行动。

巴蒂斯塔统治下的古巴

60万古巴人失业

1.5%的人口占有**46%**的土地

古巴当地美国公司占据：

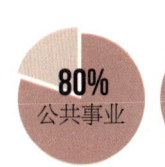

- **80%** 公共事业
- **90%** 矿山
- **40%** 糖类作物种植园
- **50%** 铁路

卡斯特罗领导下的古巴

- 清除巴蒂斯塔残余势力
- 土地国有化
- 企业国有化

菲德尔·卡斯特罗在1959–2008年执政。他起初与美国保持正常乃至友好的关系，但在古巴与苏联开始合作后，他与美国的关系迅速恶化。

约翰·肯尼迪遇刺

1963年11月20日,美国总统约翰·F. 肯尼迪(John F. Kennedy)一行车队经过得克萨斯州达拉斯中心。下午12:30,车队在市中心附近的德利广场遭遇枪击。

伤情

肯尼迪背部与喉咙各中一枪,最致命的是头部一枪。

州长约翰·康纳利(John Connally)当时坐在肯尼迪前方,其肋骨、手腕和大腿各中一枪。

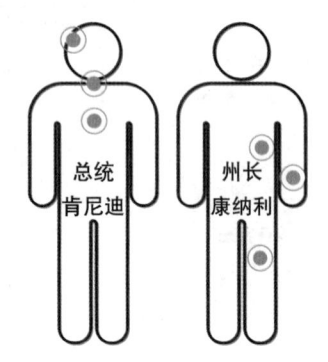

罪魁祸首

- 子弹从得克萨斯州教科书仓库**六楼**射出。现场发现了"狙击手的掩体"、一把步枪和**3枚弹壳**。
- **李·哈维·奥斯瓦尔德**(Lee Harvey Oswald)当时是仓库的临时雇员。
- 枪击案**发生后不到90分钟**,奥斯瓦尔德**在电影院被捕**,并被指控杀害了肯尼迪和**警官约翰·蒂皮特**(John Tippit)。
- 在从市监狱转移至州监狱途中,奥斯瓦尔德**被夜总会老板杰克·鲁比**(Jack Ruby)**射杀**。
- 1979年,美国众议院特别委员会调查发现,肯尼迪遇刺案**"很可能是团伙阴谋行动"**,即除奥斯瓦尔德外,当时"很可能"有第二名枪手向总统开枪。

后事

- 11月24日,应肯尼迪夫人的要求,**参照同样遇刺身亡的前总统亚伯拉罕·林肯的葬礼**,车队将肯尼迪的灵柩从白宫送往国会大厦举行吊唁仪式。
- 25万人前来悼念。
- 11月25日,肯尼迪被安葬于阿灵顿国家公墓,**来自100多个国家的代表出席了葬礼**。
- 1963年11月29日,继任总统约翰逊指定成立肯尼迪总统被刺事件总统调查委员会,即**沃伦委员会**(Warren Commission)。

肯尼迪之死

下午12:30
肯尼迪和州长中枪。

下午12:34
通讯社播报首条肯尼迪枪击案新闻。

下午12:38
肯尼迪夫人抱着丈夫的尸体,鲜血染红了她的衣服。她说:"他们杀了我的丈夫。"

下午1:00
帕克兰纪念医院(Parkland Memorial Hospital)的医生宣布肯尼迪死亡。

下午1:26
肯尼迪遗体被送上"空军一号"。

下午1:30
官方宣布肯尼迪死亡。

下午2:38
副总统林登·B. 约翰逊(Lyndon B. Johnson)继任总统。在就职仪式上,他坚持让肯尼迪的遗孀杰奎琳一同站在旁边。

披头士狂热

1963年，英国利物浦的四名年轻歌手开始吸引公众目光，甚至连女性追捧的法兰克·辛纳屈（Frank Sinatra）和摇滚天王埃尔维斯·普雷斯利都爱上了他们。

披头士四人组合

约翰·列侬（John Lennon）
吉他手、歌手、主要词曲作者

保罗·麦卡特尼（Paul McCartney）
低音吉他手、歌手、主要词曲作者

乔治·哈里森（George Harrison）
吉他手、歌手、词曲作者

林戈·斯塔尔（Ringo Starr）
鼓手、歌手、词曲作者

披头士狂热时间线

1962年
- 10月 披头士乐队（The Beatles，又译"甲壳虫乐队"）的首支单曲《爱我吧》登上英国流行歌曲排行榜第17名。

1963年
- 1月 首支榜首单曲《请取悦我》发行。
- 11月 首张百万销量专辑《与披头士一起》发行。

1964年
- 2月 乐队穿越大西洋到美国巡演，登上电视节目《艾德·沙利文秀》。
- 7月 乐队首部电影《一夜狂欢》发布。
- 12月 第四张专辑发行后迅速荣登榜首。

1966年
- 8月 在美国旧金山举行最后一场演唱会。

披头士乐队于1960年在英国利物浦成立。他们的早期作品受到许多青少年疯狂追捧。

群情沸腾

《镜报》记者唐·肖特（Don Short）见证该乐队在伦敦电视节目《伦敦帕拉丁剧院周日夜》演出时台下观众的疯狂尖叫后，发明了**"披头士狂热"**（Beatlemania）一词。

发展过程

- 披头士乐队后成为录音棚乐队，部分目的是避免粉丝因癫狂而失控。**随着创作逐渐成熟**，原来较为歇斯底里的曲风开始变得柔和起来。
- 乐队赢得许多歌迷长期崇拜，同时，《橡胶灵魂》《进化者》和《佩珀中士的寂寞之心俱乐部乐队》等专辑又吸引了新的狂热者。
- 1969年1月，乐队在伦敦苹果唱片公司（Apple Corps）的楼顶举行了最后一场公开演出，与粉丝距离很远。
- 1970年4月10日，乐队宣告解散。

当崇拜造成不良影响时

披头士乐队的大多数粉丝并无恶意，但是，1980年12月8日发生了惊世骇俗的一幕：马克·大卫·查普曼（Mark David Chapman）为出名，枪杀了约翰·列侬。

越南战争

越南民主共和国（北越），与越南共和国（南越）就像"冷战代理人"，爆发了战争。

时间 1955年11月1日—1975年4月30日

地点 越南丛林

伤亡 超过5.8万美国士兵，以及数百万越南参战者和平民

结果 南越投降，越南统一为越南社会主义共和国；美国在1973年宣布退出越南战争，不仅声望受损，还牺牲了大量年轻士兵

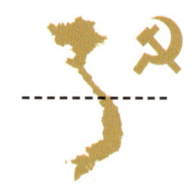

起因

越南民主共和国（北越）领导者胡志明希望越南人民获得自主权，但盟军表示越南主权应交给法国，于是**越南分成南北两个国家**。

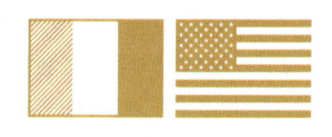

法国撤军后

为国家统一，胡志明展开了斗争。美国不希望看到又一个共产主义国家诞生，于是直接参战。第一批美军在1965年抵达越南。

美国士兵平均年龄 19岁

越南、老挝和柬埔寨共遭到 700万 枚炸弹轰炸

地势与战术

越南地势对传统西方战术极为不便——**美国士兵**在茂密丛林与稻田中与**越共军队**作战，甚至难以察觉敌人踪迹，**无法应对对方的游击战术**。

遭反对的战争

美国公众看到战争造成惨重的人员伤亡后，开始反对战争，呼吁和平。

骇人的武器

美国：凝固汽油弹、有毒化学物质，如橙剂和M14步枪

越共：隧道、诱杀装置、AK-47步枪

民权运动

20世纪50—60年代，美国黑人对日常生活中受到的歧视充满怨愤。奴隶制虽然已经废除，但种族歧视仍然存在于法律条文中。

时间线

- **1955年** 搭乘公共汽车的黑人女子罗莎·帕克斯（Rosa Parks）因拒绝给白人让座被捕。

- **1956年** 发生蒙哥马利巴士抵制运动。

- **1957年** 发生"小石城九人"事件；原来种族隔离学校的黑人学生需要联邦部队护送上学。

- **1960年** 格林斯伯勒（Greensboro）发生静坐示威事件；在沃尔沃斯餐馆内，4名非洲裔美国学生拒绝离开白人专属就餐区，若餐馆不提供服务，就继续静坐抗议。

- **1963年** 华盛顿爆发大游行，马丁·路德·金发表演讲《我有一个梦想》。

1967年底特律暴动

- 43人死亡
- 1000座建筑被烧毁
- 7000人被捕

吉姆·劳克法（Jim Crow laws）

泛指美国南部和边境各州曾经对有色人种实行种族隔离制度的法律——在美国南部，黑人使用的公共设施、居住的城镇、就读的学校必须与白人分开。异族通婚被禁止，法律明文规定致使许多黑人无权投票。虽然美国北部情况较好，但黑人同样受到歧视。

罗莎·帕克斯（1913—2005）

1955年12月1日，帕克斯下班后搭乘公共汽车回家，坐在后排的"黑人专属座位"。她因拒绝给一名白人乘客让座而被捕入狱，这件事引起了民愤。

马尔科姆·X（1925—1965）

原名马尔科姆·利特尔（Malcolm Little）。在因轻度犯罪入狱后，他加入了伊斯兰民族组织（Nation of Islam），成为鼓舞人心的领袖，向社会传达非洲裔美国人的愤怒。他主张以"一切必要手段"维权，并引发了黑人权利运动。

- **1964年** 《民权法案》颁布，保障人人平等享有就业机会与使用公共设施。

- **1965年** 在亚拉巴马州塞尔玛（Selma）的"血腥星期日"事件中，600名和平示威者遭到警察攻击，数十人受伤住院。

- **1965年** 《投票权法案》禁止进行投票者识字测验。

- **1965年** 民权运动领袖马尔科姆·X（Malcolm X）遇刺身亡。

- **1965年** 在洛杉矶发生的"华特暴动"（Watts riots）中，示威者与警察发生冲突，导致34人死亡、1000人受伤和4000万美元的直接经济损失。

- **1966年** 黑豹党成立。

- **1968年** 马丁·路德·金遇刺身亡。

2008年，巴拉克·奥巴马（Barack Obama）成为美国第一任黑人总统。然而，美国的民权斗争仍在继续。

冷战时代至今

马丁·路德·金

小马丁·路德·金（Martin Luther King Jr.）堪称最著名的民权运动领袖，他发表的动人演讲至今广为流传。

时间线

- **1929年1月15日** 马丁·路德·金在美国佐治亚州亚特兰大市出生。
- **1944年** 就读亚特兰大的莫尔豪斯学院（Morehouse College）。在美国北部休假期间，他发现并非全美国都在进行种族隔离。
- **1955年** 获得波士顿大学博士学位。
- **1956年** 发起蒙哥马利巴士抵制运动。
- **1959年** 到印度考察，十分欣赏甘地的和平斗争方式。
- **1963年** 参与组织"华盛顿大游行"。
- **1964年** 成为诺贝尔和平奖最年轻得主。
- **1964年** 《民权法案》通过。
- **1968年** 4月4日，在田纳西州孟菲斯遇刺。

为什么要学点历史

蒙哥马利巴士抵制运动

在罗莎·帕克斯因拒绝给白人让座入狱后，**金发起了巴士抵制运动，直至种族隔离结束**。他发表了激动人心的演讲，促使民权运动最终取得胜利。

马丁·路德·金的演讲

雄辩的口才是金最有力的武器。他从伯明翰市监狱发出的那封信等所有信件内容都颇具说服力，而最有感染力的是他亲自发表的公开演讲。时至今日，各地学校都在教授金当年的演讲《我有一个梦想》和《我已达至峰顶》。

华盛顿大游行的目的

- 学校终止种族隔离
- 警察不再欺负黑人
- 职场终止种族歧视

25万
民众参与了
华盛顿大游行

反对

马尔科姆·X等一些民权运动人士认为金的策略过于被动，呼吁采取更激进的措施。

遇刺

职业罪犯**詹姆斯·厄尔·雷（James Earl Ray）枪杀了倚靠在酒店阳台上的马丁·路德·金，被判处99年监禁**。

每年1月第三个星期一
是美国联邦假日之一
马丁·路德·金纪念日

美国有
730条街道
以马丁·路德·金的
名字命名

迷你裙风潮

没有什么比迷你裙更能体现英国"摇摆六十年代"的年轻乐观了。

时间线

- **20世纪20年代** 这一时期的裙子是几千年来最短的;20世纪30年代的设计师又将裙摆长度再度缩短。
- **1926年** 美国经济学家乔治·泰勒(George Taylor)发明了"裙摆指数"一词,他认为裙摆越长,代表经济形势越好。
- **1957年** 英国设计师玛丽·匡特(Mary Quant)在切尔西国王路开设了服装店巴萨(Bazaar)。
- **1962年** 匡特与美国百货公司杰西潘尼(J. C. Penney)签订合同,开始尝试用更短的裙摆和艳丽的色彩设计新款短裙。
- **1965年** 法国设计师安德烈·库雷热(André Courrèges)在"春夏系列"中加入一款短裙;英国设计师约翰·贝茨(John Bates)为剧集《复仇者联盟》中的戴安娜·里格(Diana Rigg)设计短裙戏服。
- **1966年** 玛丽·匡特推出新款短裙,以其最喜欢的汽车品牌迷你库珀(Mini Cooper)命名为"迷你裙"(Miniskirt)。
- **1968年** 杰奎琳·肯尼迪(Jackie Kennedy)再婚嫁给亚里士多德·奥纳西斯(Aristotle Onassis),在婚礼上身着短裙。

20世纪文艺复兴

20世纪60年代似乎早已为迷你裙的到来做好了准备——**年轻人渴望摆脱长辈乏味的世界观**;音乐风格在转变;世界风貌日新月异;避孕药获准使用预示着人们**全新的生活态度**。

迷你裙"发明者"头衔花落谁家备受争议。大多数人认为巴黎时装设计师**安德烈·库雷热**和英国设计师**玛丽·匡特**同时创造了迷你裙的概念。

风格选择

库雷热的短裙棱角分明、质地结实,可单穿;而**匡特则利用了新设计的连裤袜。短裙搭配平底鞋或及膝长靴,显得性感、妩媚,又不失纯真。**

新材质

- 匡特喜欢采用人造纤维。她是**第一个将聚氯乙烯(PVC)用于服装的设计师**。
- 并非人人都爱迷你裙。**可可·香奈儿(Coco Chanel)认为迷你裙会造成不良影响**,某些国家甚至禁止穿迷你裙,尤其在非洲。

20世纪60年代
约700万
女性衣柜中
至少有一条玛丽·匡特迷你裙

玛丽·匡特迷你裙的裙边位于膝盖以上
6~7英寸

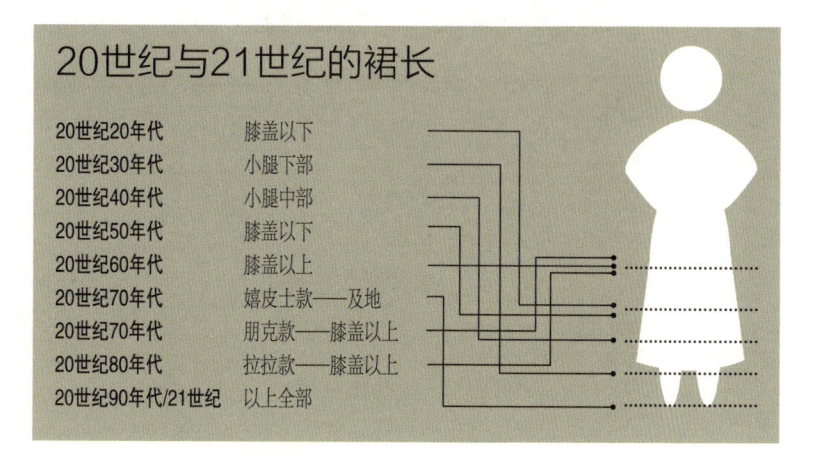

20世纪与21世纪的裙长

年代	裙长
20世纪20年代	膝盖以下
20世纪30年代	小腿下部
20世纪40年代	小腿中部
20世纪50年代	膝盖以下
20世纪60年代	膝盖以上
20世纪70年代	嬉皮士款——及地
20世纪70年代	朋克款——膝盖以上
20世纪80年代	拉拉款——膝盖以上
20世纪90年代/21世纪	以上全部

冷战时代至今

凯瑟琳·斯威策的波士顿马拉松

波士顿马拉松赛是世界上最受欢迎的业余跑步比赛之一。但是，这项比赛在1967年仅对男性开放。

时间 1967年4月19日

地点 波士顿

报名者 凯瑟琳·斯威策（Kathrine Switzer）

参赛者 凯瑟琳·斯威策（生于1947年），美国人，记者兼业余跑步运动员

斯威策的教练认为，女人体能太差，无法参加马拉松比赛。她没有动摇，仍然报名参加了波士顿马拉松赛。**业余体育联合会的规则手册并未提及性别**，她因此认为自己没有违反任何规定。

在大约4英里处，**一名赛场工作人员大声喝止她，试图撕下她背后的选手号码牌**。她挣脱了这名硬拽她衣服的工作人员，媒体镜头拍下了这一幕。

面对媒体的激烈诘问、工作人员的辱骂以及与男友的争执，她感到愤怒与焦虑，但坚持**完成了比赛**。

赛后

工作人员试图拽走斯威策的画面是**体育史上著名的一幕**。这件事激怒了数百万妇女。

斯威策一直致力于改变远距离竞速项目中针对女性制定的规则，并继续激励着其他女性运动员。1972年，波士顿马拉松赛终于允许女性参赛。

为什么要学点历史

2美元
报名费

4小时20分钟
斯威策完成马拉松所用时间

261
斯威策使用的号码牌被永久保留

741
参赛选手人数

爱 之 夏

1967年夏天，人们邂逅了并非完全合法的新鲜事物。随着时代悄然改变，迷幻药与嬉皮士狂热的碰撞一度点燃了年青一代的青春，如夏的热情迅即引起全球关注。

狂喜

经策划或即兴发起的摇滚活动**主要在伦敦和旧金山举行**，参与这场热潮的公众展现出淋漓尽致的创意。某些狂热者甚至服用LSD等迷幻药来追求极致兴奋状态。

如火如荼

以冥想、爱情、音乐与性为主题的公众聚会被称为"谈情说爱的集会"（Love-ins）。第一场这样的集会于1967年3月或4月在洛杉矶极乐公园（Elysian Park）举行。

毒品文化

6月，滚石乐队（Rolling Stones）的米克·贾格尔（Mick Jagger）和基思·理查兹（Keith Richards）因吸毒入狱。遭到公众粉丝抗议后，对他们的判决被推翻。

抗议与求存

同年10月，约10万人参与了**华盛顿阵亡烈士纪念碑前的反越战抗议活动**，甚至有人公开烧掉自己的兵役应征卡。

《佩珀中士的寂寞之心俱乐部乐队》

这是披头士乐队在同年6月1日发行的专辑，其独特卖点在于这些曲目创作于乐队自己的录音室。

彼得·布莱克（Peter Blake）与简恩·霍沃斯（Jann Haworth）的专辑封面设计费为
3000英镑
（今约5.35万英镑/6.9万美元）

常规专辑封面设计费为
100英镑
（今约1800英镑/2300美元）

传单内容

6月16日至18日，**蒙特雷国际流行音乐节**在美国加利福尼亚州举行，被公认为"爱之夏"的起始。演出阵容包括：

吉米·亨德里克斯（Jimi Hendrix）	爸爸妈妈乐队（The Mamas & the Papas）
谁人（The Who）	西蒙和加芬克尔（Simon & Garfunkel）
斯考特·麦肯奇（Scott McKenzie）	飞鸟（The Byrds）
拉维·香卡（Ravi Shankar）	杰斐逊飞机（Jefferson Airplane）
詹尼斯·乔普林（Janis Joplin）	感恩而死（Grateful Dead）
奥蒂斯·雷丁（Otis Redding）	

冷战时代至今

人类登月

1969年，美苏之间的太空竞赛达到高潮——美国不惜以重金、三条性命和民族自豪感为赌注，发起"大跃进"。

阿波罗11号（Apollo 11）任务时间线

- 美国东部夏令时7月16日，9:32 阿波罗11号在肯尼迪航天中心发射。

- 协调世界时7月19日，17:21 乘坐阿波罗11号的宇航员已绕月球飞行数周。

- 协调世界时7月20日，17:44 搭载奥尔德林与阿姆斯特朗两名宇航员的"鹰"（Eagle）登月舱脱离"哥伦比亚号"指挥舱，开始着陆月球。

- 协调世界时20:17 "鹰"在月球表面的宁静海（Sea of Tranquility）着陆。

- 协调世界时7月21日，21:34 "鹰"离开月球，并成功与"哥伦比亚号"对接。

- 协调世界时7月22日，00:01 "鹰"被抛弃，由"哥伦比亚号"带着宇航员返回地球。

- 美国东部夏令时7月24日，12:50 "哥伦比亚号"重返大气层，比预计时间晚了36分钟。

- 美国东部夏令时16:44 机组人员在太平洋安全溅落。

21
为杜绝**机组人员**传播太空病毒的可能性，他们在回到地球后**被隔离21天**

机组人员

尼尔·阿姆斯特朗
（Neil Armstrong）
指挥官
登月第一人

埃德温·"巴兹"·奥尔德林
（Edwin "Buzz" Aldrin）
登月舱领航员

迈克尔·柯林斯
（Michael Collins）
指挥舱领航员

史蒂夫·贝尔斯
（Steve Bales）
休斯敦控制中心指挥官

计算机过载

在月球表面着陆的过程中，由于计算机过载而多处报警，阿姆斯特朗不得不半手动控制登月舱。

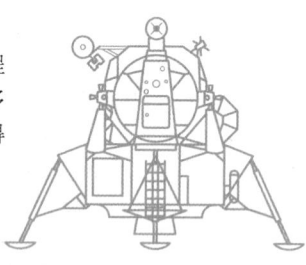

独自留守

迈克尔·柯林斯在指令舱中**绕月球飞行了21小时**。当时他最害怕的是阿姆斯特朗和奥尔德林发生意外，导致他独自返回地球。

石墙暴动

警察对格林尼治村（Greenwich Village）一家人气很旺的同性恋酒吧的突袭，正是多年来平静表面之下悄然酝酿的转折点。

时间 1969年6月28日

地点 纽约市石墙酒吧（Stonewall Inn）

冲突方 酒吧顾客与当地居民对峙纽约市警察

结果 同性恋权利运动的导火索被点燃

20世纪60年代或几十年前，普通大众无法接受"性偏离"。1969年，在纽约市建立同性恋关系属于违法行为。

石墙酒吧

这里表面上是**一家私人酒吧**，实际上是专供同性恋、双性恋和变性者相聚的庇护所，同时接待异装者。

警察突袭

警察以查抄非法酒类为由，持搜查令突袭石墙酒吧，并粗暴对待员工和顾客。这是短期内第三起类似事件。

群起暴动

突袭过后，愤怒的顾客和当地居民并未离场。因一名女同性恋顾客被警察击中头部，其他顾客开始向警察投掷杂物，将他们反困在酒吧内。

纵火

愤怒的民众甚至开始在酒吧内点火。随后，消防部门赶来扑灭大火，防暴队不得不到场驱散失控的抗议者。然而，这场暴动还是持续了5天之久。

民众投掷物

- 硬币
- 石块
- 酒瓶

石墙暴动并未引发更加激进的行动，而是**象征**同性恋、双性恋和变性者团结抵抗数十年来被歧视与压迫的起点。

---

3 当时在纽约，人们可能因未穿至少3件**性别适宜的服装**而被捕

警察突袭逮捕了 **13人**

约有 **400名** 暴动参与者

2016 2016年，美国总统奥巴马将石墙酒吧和周围的街道列为**国家纪念区**

阿波罗13号

对于部分人而言,阿波罗计划的第13趟旅程可能是一个悲剧。但是,实际上恰恰相反——勇于奉献、创新精神与英勇尝试,使这趟"飞跃"成为美国国家航空航天局(NASA)历史上一次"最伟大的失败"。

时间线

1970年4月11日
(任务开始后数小时)

0:00 NASA并不迷信传统(13不吉利)的说法,在13:13将"阿波罗13号"(Apollo 13)发射升空。

4月14日

55:53 一个常规程序导致1号氧气罐泄漏,随后2号氧气罐短路,燃料电池也发生故障。

56:33 紧急断电。

58:40 "水瓶座"(Aquarius)登月舱首次通电;在返回地球前,机组人员只能待在其中;非必要设备已经全部断电。

4月17日

140:10 "奥德赛"(Odyssey)指挥舱通电,启用最低能耗模式。

142:40 "阿波罗13号"开始返程。

142:50 控制中心重新收到机组人员回应。

主要人员

吉姆·洛威尔(Jim Lovell)
任务指挥官

弗莱德·海斯(Fred Haise)
登月舱领航员

杰克·斯威格特(Jack Swigert)
指挥舱领航员

吉因·克兰兹(Gene Kranz)
飞行指导员、任务监控员

"阿波罗13号"发射后的**前55小时运行平稳**,但常规氧气罐搅拌程序引发了**一系列极其危险的意外事件**。NASA**放弃原本的登月计划,将其改为救援行动**,与控制员、技术员、工程师和宇航员一起努力尝试从未设想过的解决方案。

应急设备

机组人员利用飞船上仅有的材料制作了新的应急设备。

电影改编

由汤姆·汉克斯(Tom Hanks)主演的电影《阿波罗13号》因为高还原度记录事件而广受好评。

为什么要学点历史

阿拉伯国家石油禁运

1973年，盛产石油的阿拉伯国家对美国、荷兰、葡萄牙和南非实行禁运，这种破坏供需平衡的行为在全世界造成影响。

时间线

1973年

10月6日 埃及和叙利亚在犹太人赎罪日攻打以色列。以色列还以颜色，在美国等国家支持下反攻埃及和叙利亚领土。

10月19日 阿拉伯石油输出国组织实施石油禁运，以此迫使以色列撤军。

1974年

3月 经过谈判，禁令解除，但油价依然很高。

1973年10月石油禁运前油价为

每桶2.90美元

1974年1月油价为

每桶11.65美元

其他影响因素

赎罪日战争是主要原因，而产油国早已对**美国总统尼克松单方面宣布让美元与黄金脱钩**一事很愤怒。这不仅导致货币贬值，并且由于石油以美元计价，**石油生产者的收益也随之减少**。这项禁令之所以造成影响，是因为**发达国家十分依赖廉价石油**。

阿拉伯石油输出国组织

石油输出国组织（OPEC）成立于1960年，旨在维护成员国的利益，并协调石油价格与生产。而阿拉伯石油输出国组织（OAPEC）则成立于1968年。

OPEC称其占有世界上4/5的石油储量和2/5的石油产量。

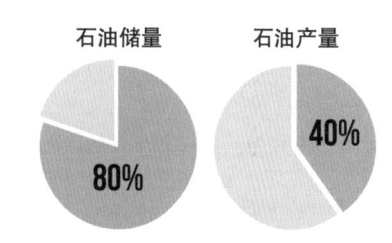

石油储量 **80%**   石油产量 **40%**

美国回应

美国政府不得不对燃料进行配给，同时以限速政策来减少燃耗。尼克松一度认为军事行动是必要手段，但最终谈判取得了成功。

后事发展

石油价格持续飙升，各国意识到中东石油的必要性，开始增加国内生产力，并努力提高能源效率。

美国公路最高限速
55英里/小时

每位客户每次只能购买
10加仑汽油

水门事件

美国总统理查德·尼克松（Richard Nixon）滥用总统特权，试图掩盖自己的罪行。他最终因行迹败露而垮台，民众对他寄予的厚望也由此破灭。

时间线

1972年

6月17日　5名窃贼在美国民主党全国委员会总部被捕。

10月10日　《华盛顿邮报》称尼克松与入室盗窃案相关。

11月7日　选民相信尼克松的陈述，认为他是清白的。尼克松当选总统。

1973年

7月23日　尼克松启用总统特权，拒绝将录音带交给特别调查员阿奇博尔德·考克斯（Archibald Cox）。

10月20日　尼克松下令解雇阿奇博尔德·考克斯，三名官员拒绝了总统的要求，随后辞职。新闻媒体将这一消息称为"周六夜大屠杀"。

1974年

3月1日　陪审团指控尼克松是"未被起诉的同谋"。

4月30日　白宫公布编辑过的录音带。

7月24日　最高法院要求尼克松交出原始录音带。

7月27日　众议院投票弹劾尼克松。

7月31日　最终上交的录音带证实了尼克松的罪名。

8月8日　尼克松宣布辞去总统职位。

背景

美国政府与民众因越南战争产生严重分歧，1972年总统大选的竞选策略因此显得十分关键。

一天晚上，**总统竞选连任委员会派人**溜进**民主党全国委员会办公室**安装窃听器并偷拍文件。然而，窃听器并没有发挥作用，"窃贼"在返回时被当场逮捕。

掩盖罪行

尼克松向窃贼支付了**高额封口费**，并指示中央情报局阻止联邦调查局（FBI）介入，以此妨害司法。

揭发罪行

《华盛顿邮报》记者**鲍勃·伍德沃德**（Bob Woodward）和**卡尔·伯恩斯坦**（Carl Bernstein）怀疑大选存在违规行为，因此**展开调查**。

检举者

一位匿名检举者将情报发送给记者。据透露，这名检举者是联邦调查局特工**马克·费尔特**（Mark Felt）。

尼克松的致命要害

尼克松暗中录下了自己与同谋的对话。他试图利用总统行政特权来防止行迹败露。

"周六夜大屠杀"

10月20日晚上，在特别检察官阿奇博尔德·考克斯要求取得信息访问权后，尼克松先后命令三位官员开除考克斯。但是，所有人都拒绝听命，并且辞职。

朋克摇滚

曾几何时，许多决定摆脱压抑束缚的音乐爱好者将自己桀骜不驯的性格融入音乐，似乎没有任何曲风能像朋克摇滚表达的虚无主义那样无畏而奔放。

时间线

- **20世纪60年代** 丑角合唱团（The Stooges）和地下丝绒乐队（Velvet Underground）等组合率先突破传统音乐的疆界。

- **1973年** 传奇朋克夜总会CBGB在曼哈顿东区开业，在分享乐声的同时，更展现出一种风格和态度。

- **1974年** 马尔科姆·麦克拉伦（Malcolm McLaren）和薇薇恩·韦斯特伍德（Vivienne Westwood）在切尔西国王路开设了一家服装店，名为"性"（SEX）。

- **1975年** 麦克拉伦担任著名乐队性手枪（Sex Pistols）的经纪人。他们唾弃上流社会，并在荧幕上宣告所有人，他们的作品风格与通俗的迪斯科音乐截然相反——他们甚至得到儿童粉丝的追捧。

- **1977年** 性手枪乐队发行专辑《别在意破事，关注性手枪就好》，并在英国排行榜上名列前茅，而这恰恰是因为其中被英国广播电台禁播的单曲《上帝救救女王吧》。

起始

20世纪70年代初期，批评者最先使用**"朋克摇滚"**（punk rock）一词来形容60年代那些被他们视为垃圾的乐队。这些**音乐家缺乏正规培训和资金**，但他们作品中的叛逆精神感染了许多听众。

纽约CBGB夜总会

雷蒙斯（Ramones）、金发美女（Blondie）、传声头像（Talking Heads）和霹雳强尼（Johnny Thunder）均在CBGB演出，为纽约树立了自己的摇滚风格。

著名朋克乐队

- 冲撞（The Clash）
- 嗡嗡鸡（Buzzcocks）
- 苏克西与女妖（Siouxsie and the Banshees）
- X世代（Generation X）
- 雷蒙斯
- 堕落（The Damned）
- 痉挛（The Cramps）

朋克元素强势涌入时尚、艺术，以及流行文化所有细分领域。虽然音乐产业日新月异，但许多朋克作品从未黯然失色。

伦敦风貌

英国政治与经济不稳定导致大批人口失业。伦敦年轻人偶尔会到"性"服装店闲逛并购买衣服。但是，更多的时候，他们会用塑料垃圾袋、捆绑用具、安全别针和大量发胶来"改善"自己的衣服。

"挑战者号"之殇

1986年1月28日，美国国家航空航天局一次寻常的航天任务（代号51-L）意外以灾难告终。

挑战者号（Challenger） 航天飞机，世界上最早可重复使用的航天器之一

首航 1983年4月4日

发射 美国佛罗里达州卡纳维拉尔角肯尼迪航天中心

任务 发射一颗卫星，并部署另一颗卫星探测哈雷彗星

乘员 7名宇航员，包括首次遨游太空的美国平民、教师克里斯蒂娜·麦考利夫（Christina McAuliffe）

项目成本 2万亿美元（1.55万亿英镑）

发射前的问题

之前的一次航天任务延迟使"哥伦比亚号"（Columbia）滞留在发射场，导致本次任务推迟。极寒天气导致**发射台上结了厚厚的冰**。

事故简述

"挑战者号"**外挂燃料箱变形，导致燃料和推进剂混合起火**。航天器爆炸解体后脱离助推火箭，乘员舱上升一段时间后坠入大西洋。

乘员丧命的直接原因

在找到的残骸中，乘员仍被安全带绑在各自的座位上。乘员**致死原因尚不清楚，但很可能是缺氧**。弹射座椅也不可能挽救他们。

罗杰斯委员会

包括宇航员**尼尔·阿姆斯特朗**、试飞员**查克·耶格尔**（Chuck Yeager）和**物理学家理查德·费曼**（Richard Feynman）等专家在内的罗杰斯委员会（Rogers Commission）受委派调查事故原因。

失事原因

造成事故的因素很多：低温使**固体火箭助推器**的两个O形橡胶圈硬化而无法达到密封效果，以致高温气体从**连接处泄漏**；制造和决策方面的致命缺陷就更加复杂了。

后事

美国国家航空航天局暂时终止了载人航天飞行计划，直至1988年"**发现号**"（Discovery）的发射。第二次灾难发生于2003年2月1日，"哥伦比亚号"航天飞机在着陆时解体，乘员全部遇难。

相关数据

9
"挑战者号"已成功完成9次任务

上午11:39
发射

73秒
73秒后起火爆炸

4.6万英尺
在4.6万英尺的高空，航天飞机变成一团火球

46英尺
泄漏处冒出的火舌长度

200英里/小时
乘员舱坠入大西洋速度

切尔诺贝利核事故

1986年，苏联切尔诺贝利核电站准备进行测试的工作人员意外引发了核电生产史上最严重的事故。

时间 1986年4月25—26日

地点 今乌克兰的普里皮亚季（Pripyat）；距离切尔诺贝利（Chernobyl）10英里，距离基辅80英里

人口 3万~5万

核电站 苏联在1977年建造，功率1000兆瓦

事故点 4号反应堆

事故简述

工作人员关闭了功率调节、紧急安全和冷却系统，并从堆芯中抽出了大部分控制棒。**越来越多的氢气和连锁反应导致堆芯过热而熔化并爆炸，冲击力撞破反应堆顶部的遮蔽，将放射性物质抛射到大气中。**

隐瞒真相

苏联政府最初隐瞒这起事故，瑞典气象学家发现大气中放射性物质含量异常，苏联政府不得不承认事故的发生。

第一应对措施

直升机倾倒沙子和硼来灭火，以防止进一步的核反应。

清理措施

在事故发生36小时后，附近居民还未撤离。人们在极其危险的情况下，用混凝土石棺将核电站封闭起来，但数百万英亩森林和农田已经受到核污染。

影响

苏联政府最终疏散了成千上万居民，但还有许多人留在禁区附近。**受核辐射影响，牲畜生下来就畸形，人类也遭受各种疾病折磨，甲状腺癌的发病率更是明显增高。**

冷战时代至今

2
2名切尔诺贝利核电站工作人员当晚死亡，28名工作人员随后相继死亡

1000吨
爆炸冲击力掀翻的顶盖重量

8天
大火持续时间

200
约200人直接暴露在核辐射下

800
800处放射性物质被掩埋

18英里
以核电站为中心、半径为18英里的禁区覆盖面积达1000平方英里，后增加至1600平方英里

33.5万
约33.5万人永久迁居

163

柏林墙

柏林墙围绕西德控制的柏林区域修建,这堵戒备森严的高墙在东西柏林之间横亘近30年之久。

修建 1961年8月12—13日,德意志民主共和国连夜修建了柏林墙

建材 铁丝网和煤渣砌块,后为混凝土

高度 12英尺

长度 96英里,其中27英里将柏林一分为二

建墙目的

这堵"反法西斯防卫墙"表面上是**防止西方"法西斯主义者"染指东德**,实际上是为阻止东德民众逃往西柏林。

检查站

东西柏林之间设立了3座检查站——**阿尔法站(Alpha)、布拉沃站(Bravo)和查理站(Charlie)**,以检查来往两地的官员。后检查站增至12座。

柏林墙倒塌

1989年,苏联解体,原为其势力范围内的社会主义国家匈牙利拆除了与奥地利边境的铁丝网。东德民众也开始要求这样的自由。后来,东德领导人辞职。

新政府**决定允许东柏林民众申请进入西柏林的签证**,但这个决定十分草率。在未事先告知边界守卫的情况下,**这项措施被立即执行**。于是,数千人聚集在隔离墙两侧,守卫无法阻止这些人群。1989年11月9日,柏林墙被迫开放。

柏林墙的保护设施包括**302座岗楼、电气化设施、猎狗、诱杀装置、机枪、探照灯和地雷**。士兵只要发现企图越界者,立即开枪。

为何建墙?

第二次世界大战后,胜利方的四个盟国占领德国。**苏联占领东德**,而德国首都**柏林也由四个国家瓜分**。

1949—1961年
250万
东德民众逃到西德

1961—1989年
约5000
东德民众成功出逃

约5000
东德人在逃跑中被捕

171人
因试图翻越柏林墙被射杀

纳尔逊·曼德拉

纳尔逊·曼德拉（Nelson Mandela）历经政治活动家、囚犯和南非第一任黑人总统的身份，最终成为世界上最受大众爱戴与尊敬的政治领袖之一。

时间线

- **1918年7月18日** 曼德拉在南非姆维索（Mvezo）出生。
- **1939年** 就读于南非唯一的西式黑人大学——福特哈尔大学。
- **1940年** 因卷入一场抵制活动被勒令退学。
- **1944年** 参加南非非洲人国民大会（ANC），成为重要人物并成立青年团。
- **1948年** 种族隔离政策获得支持。
- **1949年** 非洲人国民大会发起抵制、罢工等形式的非暴力反抗运动。
- **1952年** 曼德拉参与创办南非第一家黑人律师事务所。
- **1960年** 警察向和平抗议者开枪，射杀69人；沙佩维尔大屠杀（Sharpeville Massacre）引发骚乱，非洲人国民大会遭到禁止。

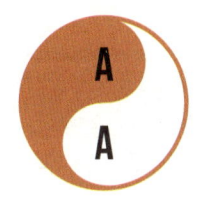

种族隔离

医院、学校、浴室和海滩均划分出"白人区"和"有色人种区"。虽然南非黑人占多数，但他们使用的设施通常比白人差。而且，黑人无权投票。

监禁

罗本岛曾是隔离麻风病人的地方。曼德拉被关押后，在采石场做苦工。他的牢房既没有床，也没有管道系统。当局禁止公开使用该监狱或有关曼德拉的照片。

"释放纳尔逊·曼德拉"运动

非洲人国民大会以曼德拉为中心，发起了这场运动。国外的同情者与支持者开始鼓励抵制运动、举办音乐会，甚至为此创作歌曲向他致敬。

马迪巴

南非人民通常以曼德拉的氏族名"马迪巴"（Madiba）来称呼他，以示敬意。

27 曼德拉被监禁了27年

- **1961年** 曼德拉参与创建非洲人国民大会的军事组织"民族之矛"。
- **1964年** 曼德拉被囚禁于罗本岛（Robben Island）。
- **1980年** "释放纳尔逊·曼德拉"国际运动使他的伟大事迹广为人知。
- **1990年** 曼德拉获释。
- **1991年** 种族隔离政策被废除。
- **1993年** 曼德拉荣获诺贝尔和平奖。
- **1994年** 南非首次举行不分种族大选，曼德拉当选总统。
- **1995年** 南非主办橄榄球世界杯赛。曼德拉支持主要由白人组成的球队，促进了国家团结。
- **2013年12月5日** 曼德拉在南非约翰内斯堡去世。

冷战时代至今

"人民的王妃"之死

威尔士王妃戴安娜（Diana）不幸命丧车祸，香消玉殒。消息公布后，英国人民纷纷哀悼。

悲剧阵容

查尔斯（Charles）王子　英国王位继承人
威尔士王妃　查尔斯王子前妻
多迪·艾尔-法耶德（Dodi Al-Fayed）　哈罗兹百货公司所有者
穆罕默德·艾尔-法耶德（Mohamed Al-Fayed）之子
亨利·保罗（Henry Paul）　巴黎丽兹酒店保安副主管
狗仔队　一群媒体摄影师

1996年，查尔斯王子与戴安娜离婚。1997年，戴安娜与多迪·艾尔-法耶德相恋。八卦小报开始关注他们，炒作两人可能即将结婚的消息。1997年8月30日，这对情侣来到巴黎丽兹酒店。

时间线

23:30　两人离开酒店，前往香榭丽舍大道一处公寓。
0:25　司机亨利·保罗为躲避狗仔追拍，超速驾驶，在经过阿尔玛桥隧道时不小心撞毁汽车；保罗和多迪·艾尔-法耶德身亡；戴安娜和特雷弗·里斯-琼斯（Trevor Rees-Jones）重伤。
4:00　医方宣告戴安娜死亡；特雷弗·里斯-琼斯度过危险期。
5:09　白金汉宫发表简要声明。
11:00　英国首相托尼·布莱尔（Tony Blair）称戴安娜为"人民的王妃"。

举国哀悼

公众随即出于本能回应了这个悲剧——短短数小时内，戴安娜故居肯辛顿宫摆满了鲜花。

责任归属

官方将责任归咎于酒后驾驶和三倍超速的亨利·保罗。公众则普遍认为狗仔队才是"元凶"。

葬礼

9月6日，全世界数十亿人在电视荧幕上收看了**戴安娜的盛大葬礼**。

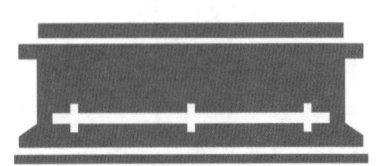

"9·11"事件

2001年9月11日，恐怖分子劫持四架客机作为自杀式武器，袭击了美国核心地区——华盛顿与纽约。"9·11"事件后，世界进入了新格局。

四架客机

- 联合航空11号班机　波音767　从波士顿飞往洛杉矶，载客92人
- 联合航空175号班机　波音767　从波士顿飞往洛杉矶，载客65人
- 联合航空77号班机　波音757　从华盛顿杜勒斯国际机场飞往洛杉矶，载客64人
- 联合航空93号班机　波音757　从纽瓦克市飞往洛杉矶，载客44人

时间线

（美国东部时间）

上午8:19　地勤人员得知11号班机被劫持，美国国民警卫队战斗机紧急出动应对危情。

上午8:46　穆罕默德·阿塔（Mohammed Atta）手下的劫机犯驾驶11号班机撞上世贸中心北塔。

上午9:03　175号班机撞上世贸中心南塔75～85层。

上午9:37　77号班机撞上五角大楼的西面。

上午9:42　美国所有航班着陆，被禁飞。

上午9:45　白宫与国会大厦工作人员紧急疏散。

上午9:59　世贸中心南塔倒塌。

上午10:07　93号班机的乘客和乘务员得知这次恐怖袭击后，开始攻击劫机犯，导致这架飞机在宾夕法尼亚州撞毁。

上午10:28　世贸中心北塔倒塌。

晚上 8:30　美国时任总统布什向全国发表讲话。

袭击经过

4架班机全部被劫持。乘务员向政府发出了首次袭击警报，但在国民警卫队出动前，**两架班机已然撞上了世贸中心**，飞机上的人全部遇难，并且导致地面数千人丧生。

"基地"组织

奥萨马·本·拉登（Osama bin Laden）领导的恐怖组织"基地"组织认为**美国存在软肋**，他们也的确找到了美国国防的软肋。事后，这些软肋迅速得到补救。

世贸中心双子塔

世贸大厦双子塔坍塌后的遗址被称为"归零地"（Ground Zero），现建成为一座纪念馆，旁边还有一棵幸存于这场灾难的树，被称为"幸存者之树"，**供世人悼念与缅怀**。

2750人在纽约遇难

184人丧命于五角大楼

40人丧命于宾夕法尼亚州

19名恐怖分子全部死亡

400名警察与消防员牺牲

影响

数百万人怀着惊恐收看了电视荧幕上全天播放的恐怖袭击画面。北大西洋公约组织有史以来首次动用《北约宪章》第5条规定——对一个或数个缔约国的攻击应视为对全部缔约国的攻击。10月7日，美国宣告要消灭阿富汗的恐怖组织，打响了一场长期的血腥战争。

年代记

约15世纪20年代—17世纪70年代 欧洲各国开始探索未知世界

约14世纪30—50年代 黑死病肆虐欧洲,导致数百万人死亡

约15—17世纪 文艺复兴掀起艺术与科学的浪潮

约1300—1521年 阿兹特克帝国在现今的美国南部与中部崛起

约1439年 约翰内斯·谷登堡在西方发明印刷机

1515年 马丁·路德谴责天主教会

1508—1513年 尼古拉·哥白尼简要提出天体运行论

1478年 西班牙宗教法庭开始检验改宗天主教徒的信仰虔诚度

1526年 莫卧儿帝国在现今印度北部建立

1534年 《至尊法案》规定亨利八世为英国教会最高领袖

1620年 "五月花号"搭载新教分离主义者驶往现在的美国

1632年 泰姬陵动工

1649年 查理一世被处决,动摇了"君权神授论"

1660年 英国君主制复辟

1692年 美国发生塞勒姆审巫案

1756年 沃尔夫冈·阿马多伊斯·莫扎特出生

1776年 北美13个殖民地代表签署《独立宣言》

1783年 《巴黎条约》签订,美国革命结束

1787年 第一舰队从英国驶往澳大利亚

1789年 法国大革命打响

1804年 拿破仑·波拿巴称帝

1811年 南美洲开始为独立进行斗争

1825年 美国斯托克顿—达林顿铁路建成,预示交通变革

1833年 英国废除奴隶制

1861年 美国爆发内战

1867年 卡尔·马克思出版《资本论》

1868年 戊辰战争预示日本幕府时代终结

1897年 英国妇女选举权联盟成立

1903年 奥维尔·莱特驾驶飞行器持续飞行12秒

1914年 弗朗茨·斐迪南大公遇刺,点燃第一次世界大战的导火索

1917年 俄国革命打响

1918年 西班牙流感导致数百万人死亡

1929年 美国股市崩盘,导致经济大萧条

1936年 西班牙内战打响

1939年 纳粹对波兰发动进攻,第二次世界大战到来

1941年 日本偷袭珍珠港,美国卷入第二次世界大战

1945年 盟国取得第二次世界大战胜利

1945年 世界上第一颗原子弹在日本广岛爆炸

1947年 印度独立

1947年 "好莱坞十君子"拒绝配合众议院非美活动调查委员会

1949年 中华人民共和国成立

1953年 古巴革命使美国意识到威胁

1955年 罗莎·帕克斯因在公共汽车上拒绝让座被捕,此事引发"民权运动"

1960年 避孕药在美国上市

1962年 古巴导弹危机险些将世界卷入核战争

1969年 "阿波罗11号"首次将人类送上月球

1990年 纳尔逊·曼德拉获释

2001年 恐怖分子劫持四架班机,袭击美国核心地带,史称"9·11"事件

补充阅读

数个世纪以来，历史学家、传记作者和哲学家们一直试图了解历史上重大事件的起因与经过，但他们几乎从未达成一致看法，甚至连某些事件的日期都没有定论。有些作品学术性较强，有些易于了解，但缺乏深度。本书这样的作品也只能从全局进行浅述。

就世界历史而言，每个事件的本质并无特殊之处，但均会对未来的发展有所影响。J. M. 罗伯茨（J. M. Roberts）所著并定期修订的《新企鹅全球史》（The New Penguin History of the World）被公认为现代经典著作。传统历史著作《不列颠百科全书》（Encyclopaedia Britannica）现已有电子版，书中几乎涵盖了社会生活的方方面面，而历史则是侧重点之一。

本书包含的每个主题均可从大量书籍中找到更详细的记载，要从中推荐确实很难。劳伦斯·伯格林（Laurence Bergreen）的《哥伦布的四次航程》（Columbus: The Four Voyages）与《世界边缘：麦哲伦的骇人环球之旅》（Over the Edge of the World: Magellan's Terrifying Circumnavigation of the Globe）可以为读者从头开始了解历史提供良好的起点。

约翰·波西（John Bossy）的《1400—1700年的西方基督教》（Christianity in the West 1400–1700）称得上是一本叙述透彻的入门书，可引导读者了解宗教改革的许多方面。安东尼娅·弗雷泽（Antonia Fraser）的《亨利八世的六位妻子》（Six Wives of Henry VIII）探讨了英国教会、国家与政治分裂中的人性因素；其所著传记《苏格兰女王玛丽》（Mary, Queen of Scots）也值得一读。

休·托马斯（Hugh Thomas）所著《奴隶贸易：1440—1870年大西洋奴隶贸易》（The Slave Trade: The Story of the Atlantic Slave Trade 1440–1870）对难度较高的主题进行了深入探讨，而大卫·科丁利（David Cordingly）的《黑旗之下》（Under the Black Flag）则从较长的时间线细致剖析了海盗黄金时代。若要了解英国对印度的殖民统治，威廉·达尔林普（William Dalrymple）的作品则是不错的选择，尤其是《最后的莫卧儿》（The Last Mughal）。

戈登·伍德（Gordon Wood）的《美国革命》（The American Revolution）和伯纳德·拜林（Bernard Bailyn）的《美国革命的思想渊源》（Ideological Origins of the American Revolution）广受赞誉，詹姆斯·麦克弗森（James McPherson）的《为自由而战的呐喊》（Battle Cry of Freedom）也为美国内战提供了有价值的见解。若要快速、有针对性地了解芝加哥世博会，读者可选择埃里克·拉尔森（Eric Larson）的《白城恶魔》（The Devil in the White City）。

迈克尔·霍华德（Michael Howard）的《第一次世界大战》（The First World War）精彩呈现了"一战"的真实面貌，迈克尔·伯利（Michael Burleigh）的《第三帝国：新历史》（The Third Reich: A New History）则叙述了阿道夫·希特勒和第二次世界大战的背景。约翰·刘易斯·加迪斯（John Lewis Gaddis）的《冷战》（The Cold War）详述了战后的世界。

汤姆·沃尔夫（Tom Wolfe）的《太空英雄》（The Right Stuff）很好地探讨了NASA的太空计划，而更为细致的相关作品也许只有宇航员吉姆·洛威尔（Jim Lovell）的《与月球失之交臂：阿波罗13号》（Apollo 13, Lost Moon），毕竟在场人员才是事件的见证者。卡尔·伯恩斯坦（Carl Bernstein）和鲍勃·伍德沃德共同写作的《总统班底》（All the President's Men）从自身角度揭露了"水门事件"的经过。纳尔逊·曼德拉的自传《漫漫自由路》（Long Walk to Freedom）在出版后立刻畅销。"9·11"恐怖袭击事件带来的深远影响还未完全呈现，读者可从劳伦斯·莱特（Laurence Wright）所著的《遥远的高楼：从"基地"组织到"9·11"事件》（The Looming Tower: Al Qaeda's Road to 9/11）了解该事件至今造成的影响。

自1066年起的英国君主

诺曼王朝（Norman Kings）
威廉一世，1066—1087年
（William Ⅰ，被称为"征服者"）
威廉二世（William Ⅱ），1087—1100年
亨利一世（Henry Ⅰ），1100—1135年
斯蒂芬（Stephen），1135—1154年

金雀花王朝（The Plantagenets）
亨利二世（Henry Ⅱ），1154—1189年
理查一世（Richard Ⅰ），1189—1199年
约翰（John），1199—1216年
亨利三世（Henry Ⅲ），1216—1272年
从此时开始，威尔士归为大英领土
爱德华一世（Edward Ⅰ），1272—1307年
爱德华二世（Edward Ⅱ），1307—1327年
爱德华三世（Edward Ⅲ），1327—1377年
理查二世（Richard Ⅱ），1377—1399年

兰开斯特王朝（House of Lancaster）
亨利四世（Henry Ⅳ），1399—1413年
亨利五世（Henry Ⅴ），1413—1422年
亨利六世（Henry Ⅵ），1422—1461年

约克王朝（House of York）
爱德华四世（Edward Ⅳ），1461—1483年
爱德华五世（Edward Ⅴ），1483年
理查三世（Richard Ⅲ），1483—1485年

都铎王朝（The Tudors）
亨利七世（Henry Ⅶ），1485—1509年
从此时开始，爱尔兰归为大英领土
亨利八世（Henry Ⅷ），1509—1547年
爱德华六世（Edward Ⅵ），1547—1553年
玛丽一世（Mary Ⅰ），1553—1558年
伊丽莎白一世（Elizabeth Ⅰ），1558—1603年

斯图亚特王朝（The Stuarts）
从此时开始，苏格兰归为大英领土
詹姆斯一世（James Ⅰ，即苏格兰国王詹姆斯五世），
1603—1625年
查理一世（Charles Ⅰ），1625—1649年

英联邦（The Commonwealth）
护国公奥利弗·克伦威尔（Oliver Cromwell），
1653—1658年
理查德·克伦威尔（Richard Cromwell），1658—1659年

君主制复辟
查理二世（Charles Ⅱ），1660—1685年
詹姆斯二世（James Ⅱ即苏格兰国王詹姆斯七世），
1685—1688年
威廉三世（William Ⅲ）与玛丽二世（Mary Ⅱ），1680年
安妮（Anne），1702—1714年

汉诺威王朝（The Hanoverians）
乔治一世（George Ⅰ），1714—1727年
乔治二世（George Ⅱ），1727—1760年
乔治三世（George Ⅲ），1760—1820年
乔治四世（George Ⅳ），1820—1830年
威廉四世（William Ⅳ），1830—1837年
维多利亚（Victoria），1837—1901年

萨克森-科堡-哥达王朝
（House of Saxe-Coburg and Gotha）
爱德华七世（Edward Ⅶ），1901—1910年

温莎王朝（House of Windsor）
乔治五世（George Ⅴ），1910—1936年
爱德华八世（Edward Ⅷ），1936年
乔治六世（George Ⅵ），1936—1952年
伊丽莎白二世（Elizabeth Ⅱ），1952年至今

单位换算表

英制		国际单位制
1英寸	≈	2.54厘米
1英尺	≈	30.48厘米
1英亩	≈	0.40公顷
1平方英尺	≈	0.09平方米
1平方英里	≈	2.59平方千米
1磅	≈	0.45千克
1加仑	≈	4.55升
1马力	≈	0.75千瓦